TRADES ABOUT TO HAPPEN

A MODERN ADAPTATION OF THE WYCKOFF METHOD

成功預測交易的
專業盤勢判讀

理解市場本質、知曉主力的操盤手法，
技術分析大師威科夫交易法淺析，理解供需、因果與量價關係。

U0165365

David H. Weis

威科夫交易法權威 四十年經驗市場分析師

大衛・H・維斯 —————— 著

廖桓偉 —— 譯

本書獻給我的太太凱倫，並紀念我的父母

眾神會察覺未來的事情；

凡人會察覺現在的事情；

但智者會察覺即將發生的事情。

——菲洛斯特拉圖斯（Philostratus），

《提亞納的阿波羅尼烏斯的一生》（*Life of Apollonius of Tyana*）

各界好評

「我在三十幾年前第一次聽說維斯，立刻對他的著作感興趣。他對威科夫方法的解析無可比擬。我大大受到維斯的雄辯能力啟發，以至於我立刻著手量化與自動化他的概念。好幾年來，這一直是我們公司的成功要素。」

——托比‧克拉貝爾（Toby Crabel），

克拉貝爾資產管理公司（Crabel Capital Management）

「我在避險基金產業和華爾街與優秀的技術員共事了將近 30 年，所以我有資格全心全意替維斯的書籍和課程背書。他學習並實踐威科夫原則長達 40 年（努力 vs. 報酬、支撐與壓力、如何追隨市場中的專業金流），讓他的書成為無價之寶。維斯揭露了他使用的專有工具，他藉此在市場內取得優勢，並且以威科夫一百多年前傳授的方法為基礎加以改善。維斯的圖表分析和盤勢判讀方式，將協助簡化、澄清股票和期貨隱含的供需動態，並提供關於下次變動的充足線索。」

——彼得‧德里特爾（Peter Drittel），

PMD 貿易有限公司（PMD Trading LLC）

「我第一次認識維斯的時候，我就立刻明白，他身為世界上最優秀的威科夫交易方法教師和專家之一，這樣的名聲是他應得的。他將威科夫的盤勢判讀圖改編成維斯波指標，可說是一大貢獻。交易人如果想學習如何在圖表上認出大型操作者的足跡，就會想讀這本書。這本書注定要成為經典。」

——蓋文・福爾摩斯（Gavin Holmes），執行長，
TradeGuider 系統國際（TradeGuider Systems International）

「維斯的波形圖，絕對是我所知道最寶貴的交易工具。」

——蓋瑞・戴頓博士（Dr. Gary Dayton），
《交易心理優勢》（*Trading Psychology Edge*）

目錄

推薦序
不藏私，在市場成功操作的「祕密配方」

Trader3A 學院創辦人／陳世昇（奇貨怪道）

十多年前，我還在建構自己的交易系統，為了完善自己的交易策略，四處搜尋能夠提升交易技術的書籍和課程。當時在上亞歷山大・艾爾德（Alexander Elder）的課程時（沒錯，就是那位寫出暢銷經典《操作生涯不是夢》〔*Trading for a Living*〕的技術分析專家），他提到了這本書。不諳英文的我花了不少時間才啃完此書，雖然讀起來有些艱辛，但它的內容卻讓我感到耳目一新。

與我之前讀過的那些技術分析書不同，作者沒有在書中重複那些爛大街的分析理論，而是大方分享了他的「私房菜」——他在市場中多年實戰所總結出的獨家操作策略。這些策略給了我許多靈感，幫助我進一步完善了自己的策略。

如今，十多年過去了，出版社邀請我為這本書的中文版寫序時，我心中的感受就像見到了多年未見的老朋友——激動又親切，彷彿那些年從書中獲得靈感的感動又回到了眼前。二話不說就答應了，希望能把這本優秀的作品帶給廣大的中文讀者，讓更多投資人能夠從這位資深交易員的智慧中受益。

　　這本書與眾不同的地方在於，**它並不僅僅停留在市場中常見的技術分析工具或理論，而是基於「威科夫法則」這套已經一百年的老派功夫，做了深度改良。**本書作者將他多年的市場經驗和獨到見解融入其中，讓本書像是一道隱密的「祕製料理」，不僅傳授理論，更告訴你如何將理論轉化為實際操作策略，真正應用在交易中。

　　本書就像是一道豐盛的交易大餐，每一章節都是精心準備的「菜品」，從理論到實戰，樣樣俱全。作者將市場中的價格型態解析得淋漓盡致，帶領讀者一步步學習如何辨別市場中的關鍵訊號，比如彈跳、上推、吸收、匯聚、均衡、價格硬化、鉸鏈、2barNR、NR4 等，這些都是他交易祕方中的核心技術。

　　我不得不特別提到他在書中強調的案例分析。不同於一般技術分析書籍，本書作者不僅僅停留在指標和理論的講解，他的教學風格更像是一位手把手教你做菜的老師。書中充滿了大量的市場實例與圖表分析，這些案例並不只是理論的套用，而是來自他多年的交易經驗，這讓讀者可以更加深入地理解他所傳授的技術。也就是說，本書不只想要教會你理論，還想教你在市場中去實際運用這些技巧，「烹製」出屬於你的交易「佳餚」。

　　閱讀這本書的過程就像一場交易的高級烹飪課程，你不僅可以學到如何判斷市場的結構與趨勢，還能學會如何在市場中實際操作。本書作者將他的多年心血傾注於這本書中，毫無保留地傳授了他在市場中的經驗。你可以把它當成一本技術分析經典參考書，但更重要的是，它還能激發你如何思考、應對市場的挑戰，這是很多技術書籍無法做到的。

不過我要強調，雖然這本書專注在講授分析技術，但交易的世界並不是只要學會某些策略就能輕鬆賺大錢，因為再好的策略也不可能保證百分之百成功，市場的風險管理與交易心理準備都很重要。市場是不可控的，但我們自己的行為是可控的，這一點非常關鍵。

最後我要說的是，我想你也知道，進步都是從學習開始。吸收這本書的知識只是一個起點，真正的成長來自於你如何將這些理論化為自己手中的「廚具」，在市場的「廚房」裡不斷實踐和調整，最終形成屬於自己的交易菜單。本書的策略就像一道經典的食譜，而你是這場交易盛宴的真正主廚。透過不斷練習、改良，你才能掌握市場的「口味」，並在其中找到屬於自己的節奏。

記住，成功的交易者並不是那些從未犯錯的人，而是那些堅持控管風險，並且善於學習、懂得調整、不輕言放棄的人。

序

「當你去湖裡釣魚，你不會只是划船到湖中央，然後把釣線拋到水裡。你會去魚棲息的地方——在湖邊或是靠近下沉的樹木。同樣的，你會在擁擠區域（congestion zones）的邊緣進場交易，這裡的上升趨勢或下降趨勢都已經筋疲力盡，以至於小小的壓力就能反轉趨勢。」

我經常在我的「交易人訓練營」（Traders' Camps），聽到大衛用南方腔傳遞這些和其他聲明。現在很高興能在他的書中看到它們，就算你沒有參加為期一週的訓練營、並親自跟大衛一起學習，你也能獲得這些知識。

大衛是個安靜的人，每天都在他的交易室內獨處，但他扮演很重要的角色，培養出許多認真的交易人。我和朋友討論市場的時候，經常聽到：「大衛應該會在這裡畫線吧。」他讀圖表的方式已被他的數百位學生使用。

大衛拓展理查．威科夫（Richard Wyckoff）的經典著作（約100年前寫的），建立了市場分析的現代上層結構。價格條的變動高度，伴隨著上漲或下跌的交易量條，就是大衛用來建立市場分析的基本且不可縮減的要素。他用這些模式來判讀所有市場和時間範圍內的群眾行為——接著配置他的訂單。

所有交易都會在價格和交易量圖表上留下無法去除的軌跡。大衛聚焦於它們——而這些圖表會跟他說話。現在在這本書中,他會教你讀懂它們的語言。

大衛對於價格／交易量行為的敏銳專注力,令我想起我在醫學院遇到的一位老師。她很害羞、有一點聾,在大查房(grand round,臨床病例的分析討論會)的期間通常都站在後面。我們知道她觀察力敏銳、而且很熟悉病人的肢體語言,當教授們對一個診斷意見不合時,他們會請教她的意見。一個專注觀察的人,如果是以豐富經驗為基礎、而且沒有其他潛藏動機,就能看得比大多數人還深。

仔細讀這本書,你將能看出「假突破」的巨大重要性——大衛稱之為「彈跳」(走勢向下時)以及「上推」(走勢向上時)。他做出承諾:「一旦你熟悉彈跳和上推的行為,你就能看出一種行動跡象,而且在所有時期都有效。彈跳會替每日交易人的短期操作空間提供動力,或是做為長期資本利得的催化劑。」

我坐在教室後方好幾個小時,聽大衛講課和展示交易範例,後來假突破也成為我的關鍵交易模式之一。現在大衛將引導你仔細讀過數十個圖表、逐條分析,讓你學會判讀它們的訊息、並且預測趨勢反轉。

探討「吸收」的章節,將會教你怎麼估計當前趨勢的強度。趨勢是像「希臘方陣行軍踏過特洛伊平原」一般往前移動(大衛的比喻),或是前進時被增加的供給量給吸收,成為反轉的前兆?現在,隨著你瀏覽過大衛的圖表,你將會看出它們的價格和交易量模式,揭曉了它們的弱勢或優勢。

讀這本書的時候不要急。如果想完全受益於本書，你必須讓許多訊息慢慢沉澱。請務必將大衛的概念應用於當前的圖表，看著它們在你眼前展開，變得更有意義，然後再回到書中研究另外幾頁。這不是匆忙寫出來的書——是大衛花了好幾年完成的，而且你越認真讀它，受益就越多。

祝你讀得愉快、交易也愉快！

亞歷山大・艾爾德博士（Dr. Alexander Elder）

www.elder.com

2013 年，紐約市

致謝

　　我非常感激我的多年老友亞歷山大・艾爾德博士，他讓我參與他充滿異國風情的交易營，他是我寫這本書的驅動力。他總是願意提供支持和有幫助的建議，而且他打開機會大門，讓這本 Wiley 出版物成真。我也想感謝阿爾弗雷德・泰格（Alfred Tagher）和鮑伯・富克斯（Bob Fulks）的協助，他們在編寫我的客製化製圖工具時很有幫助。我也要感謝我的許多學生，他們的需求協助我具體化各種不同的威科夫教學法。身為前教師，我認為他們的成功就是我最大的回報。

引言

　　理查・威科夫在 1888 年來到華爾街。他 40 年生涯的細節，記述於他的自傳《華爾街的投機與冒險》（*Wall Street Ventures and Adventures*，1930 年）。他所觀察到的大型操作者傳奇、以及他們的操縱性活動的內幕故事，讓這本書讀起來很有趣。但是他的研究，發展出交易上「受過訓練的判斷」，才是最有說服力、最啟發人心的故事。威科夫如此描述他在 1905 年的進展：

　　如今，我已經在華爾街待了快 17 年——在證券交易所當過實習生、職員、隱名合夥人和執行合夥人。但我所看過、研究過、觀察過的所有事情，都沒有明確定義的計畫或方法，能在股市中替我的客戶或我自己賺錢。[1]

　　他的生涯截至此時為止，有兩條思路貫串他的經驗。第一，大型交易人會花好幾個小時，研究電報紙條上的股票交易。第二，他發現大

註 1：理查・威科夫，《華爾街的投機與冒險》（紐約：Greenwood Press，1968 年），第 134 頁。

學或教育服務必須傳授「股市的內部運作」，他想要展示大眾是怎麼一再被市場內的大型操縱者欺騙。1907 年下半年，正當華爾街因為一陣恐慌後的餘震而受害，威科夫決定轉撰寫一份教育刊物——一本名叫《收報機》（*The Ticker*）的月刊，由股市相關文章所構成。威科夫肩負寫作重擔以及尋找新題材的壓力，使他深入了股票、債券和商品市場的諸多面向。他基於統計學和讀者呈現的許多理論，測試了機械性的交易方法。雖然他最後朝完全不同的方向移動，但他意識到圖表提供的價格歷史紀錄比純粹的統計更好。

　　隨著其研究（圖表和股市技術）進展，他把目光轉向電報紙條，他說：「我越看越覺得，股市的行動會反映支配交易者的計畫和意圖。我開始看見可能性——透過這張紙條來判斷操盤者在做什麼。」[2] 在一位前證券交易所場內交易人的引導之下，威科夫開始認真研究盤勢判讀。

　　他的觀察促使他在《收報機》寫了一系列盤勢判讀文章，而他的讀者吵著要看更多。最初的系列文章提供了威科夫第一本著作的題材，這本書叫做《盤勢判讀研究》（*Studies in Tape Reading*），1910 年以「Rollo Tape」這個筆名出版。關於這本書，威科夫之後在他的自傳中寫道：

自我訓練並持續應用《盤勢判讀研究》中建議的方法，目的在於發

註 2：同上，第 168 頁。

展出直覺判斷；如果你每週花 27 小時讀紙條，並且持續好幾個月、好幾年，自然就會產生這種判斷力。[3]

接下來幾年，股票的價格擺盪變大，而威科夫將他的盤勢判讀方法應用於更廣泛的市場波動。大眾需要更頻繁的交易建議，但也不要太強調分析。於是他開始撰寫「趨勢信」（Trend Letter）──每週一頁，包含了一張交易清單。結果它大受歡迎，後來追隨者變得太多、太沉重，使得威科夫想要保護自己的隱私；他在 1917 年結束這份刊物，此時他已經是自從 1890 年代以來，追隨者最多的華爾街人士。

威科夫並沒有就此沒沒無聞。他寫了更多書。《收報機》轉型成為《華爾街雜誌》（*Magazine of Wall Street*），他極度投入於此刊物，直到他健康狀況越來越差，迫使其在 1926 年退休。威科夫在人生最後幾年重拾教育大眾的理念，並且構思出「華爾街學院」（Wall Street College），不過因為他的健康因素，這次的成果就沒那麼大。1932 年，他將注意力轉移到一個課程，解釋他交易股票的方法。最初的課程分成兩部：《第一部：股市科學和技術的指導課程》（*Division One, A Course of Instruction in Stock Market Science and Technique*）；以及《第二部：盤勢判讀和活躍交易的指導課程》（*Division Two, A Course of Instruction in Tape Reading and Active Trading*）。威科夫於 1934 年過世。

註 3：同上，第 176 頁。

　　自從 1934 年起,「威科夫課程」正如其名,維持了威科夫在市場名人堂內的地位。數千名交易人和投資人已經上了這門課,至今亞利桑那州鳳凰城的股市研究所仍有提供這個課程。過去 80 年來,課程已經被修改和更新,以適應市場條件的變化,卻不會偏離威科夫的原作。它包含了威科夫的交易／分析方法的具體細節。他的其中一個章節——「透過《紐約時報》(*The New York Times*)50 支股票的平均垂直長條圖,判斷市場的趨勢」,截取了其著作的精髓,並為我的書籍提供指引之光。

　　現今上威科夫課程的學生,有許多都聚焦於累積和分配的模型,但威科夫從來就沒有構思出這種對於累積和分配的解釋,這些解釋都是在他過世後加上去的。他的確有討論市場行為的某些特性,這些特性都包含在上述模型中。如今課程傳授的累積和分配,是在長條圖上的交易量所揭露的行為。不過當威科夫提到這些名詞的時候,多半都是跟點數圖有關,而且從來就沒有具體的成分。我的看法是,這些模型是由他以前的同事製作的,以替這門課程增添具體性。

　　正如他的自傳中所表達的,威科夫想教學生如何發展一種交易人的感覺——直覺。具體性比直覺更好推銷;因為它更實在。我認為大家太依賴行為模式,卻不重視判讀長條圖的技巧。這些模式可能很快就變成固定範本,就像幾何形狀;那些尋求快速而不用思考的方法的人,就把價格變動塞進裡頭。它們讓思考變得死板而沒有創意,也會讓威科夫分析法的新學生感到灰心,這些學生可能不明白,圖表的世界是灰色的,而不是非黑即白。

一個人必須有開放的思維，而不是執著於先入為主的理想。雖然鮑伯・艾文斯（Bob Evans，威科夫課程的名師）對於彈跳、上推、冰線之類的描述既生動又有啟發性，但威科夫從未使用這類術語；不過，這不表示它們就該被禁止或沒有用。相反的，它們非常有幫助。最重要的是，威科夫是一位盤勢判讀者。隨著市場越來越健全和波動，他將他的盤勢判讀技巧應用於長條圖判讀，強調價格範圍、收盤位置、以及交易量。威科夫顯然知道趨勢線、通道、支撐線和壓力線的重要性，但現代課程對它們的著墨比較多。

我借用了威科夫的原作以及艾文斯的概念。我的方法包含了價格區間、收盤、交易量，也利用了我所謂的「線條的故事」，也就是價格／交易量行為的故事，被圖表上畫的線條給框出來且相互連結。這些線條讓價格變動成為焦點，讓讀者看到引起市場內行動的行為。因此，我試圖找出圖表上的交易，而不是弄清楚累積或分配是否正在發生。資訊的真金埋在威科夫讀長條圖的方法中，已成為一種失傳的技術。

本書的用意是要展現出，一個人如何能夠以邏輯解釋長條圖和波形圖，以找出即將發生的交易。 藉由研究本書中的圖表範例，我相信讀者將會獲得極佳的洞察力，判讀市場自己透露的訊息。一開始或許很枯燥乏味，但透過練習和反覆作業（反覆作業是智慧之母！），就會成為習慣，使你找出不同程度的轉折點。

在本書各處出現的研究中，我們將會：

• 將「買進或賣出的操作」與「報酬」做比較（也就是「交易量」

對「向上或向下前進」）。

● 觀察漲跌是否缺乏阻力，或是保持阻力（也就是「寬價格條」對「窄價格條」）。

● 思考價格條範圍內收盤的意義。

● 觀察上推或下推的縮短。

● 觀察支撐／壓力線的穿透之後（這包含了彈跳和上推的概念），是否有跟進。

● 觀察高交易量或「垂直」區域的測試（價格向上或向下加速）。

● 考慮價格與趨勢線、通道、支撐／壓力線的互動，這通常會凸顯價格／交易量的故事。

　　在本書的下半部，我將會介紹我對於威科夫原版盤勢判讀工具的改編版，它更適用於現今股票和期貨市場的巨大波動。這些工具可以應用於當日和每日的價格變動，而且有人已經製作軟體以供即時使用。為了找到任何圖表上的交易，我們將受以下聲明引導，這是威科夫在很久以前說的：

　　成功的盤勢判讀（圖表判讀）就是在研究「力道」。判讀者必須有能力判斷哪一側擁有最大的拉力，而一個人必須有勇氣跟著那一側走。每次擺盪都有一些關鍵點，就像企業或個人的生命一樣。這些緊要關

註 4：Rollo Tape（筆名），《盤勢判讀研究》（伯靈頓，佛蒙特州：Fraser，1910 年），第 95 頁。

頭，就好像在某一側增加一根羽毛的重量，將會決定立即的趨勢。任何能夠發現這些關鍵點的人，就會贏多輸少。[4]

讀過這本書之後，我保證你永遠不會回到你以前讀圖表的方法。我沒有祕密，將會把我對於威科夫和價格／交易量行為所知的一切傳授給你。孔子說：「溫故而知新，可以為師矣。」

第一章

交易哪裡找——概述

Where to Find Trades – An Overview

尋找交易就像在找魚。湖中任何地方都可能隨便抓到魚，但在一年內的不同時節中，牠們傾向於聚集在特定區域內。同樣的，你可以在圖表上的任何一點釣到大型交易，但它們多半出現在交易區間的邊緣。

交易區間並沒有固定模式。在交易區間決定之前，價格可能會反轉，而且形式非常多。但一般來說，交易區間是「價格在上限或下限之間來回擺盪、或者盤繞成尖端（apex）時所形成的長方形」。不過我們關心的是交易區間的動態，而不是任何幾何形狀。當交易區間隨著歲月演變，它們通常會擴張自己的邊界，並且包含許多較小的範圍。交易區間的邊界會反覆受到測試和／或穿透，因為買家和賣家在爭取支配權。每當邊界被破壞，那麼「跟進」和「不跟進」就會成為決定性因素。當突破或跌破發生時，價格通常會重新測試這些區域。

在接下來幾個章節，我們將會在上述這些不同的點，檢視價格／交易量行為的特性。請記住，我們是在處理各種大小的交易區間，而不只是頂部或底部。這裡描述的行為，會發生於所有圖表，而且無關它們的時期。只要勤加練習，你就能夠立刻辨認圖 1.1 中圈出來的行為區域。第一步是畫出交易區間——這項看似簡單的作業，需要判讀水平關係的能力。

請觀察圖 1.2 那斯達克（NASDAQ）期貨的 6 個交易區間（TR1-TR6，TR 指 trading range）。藉由反覆描繪支撐線和壓力線，我們能看到趨勢是怎麼由個別範圍和轉折點所構成，它們是從價格變動的糾結中浮現的。這些轉折點——彈跳、上推、吸收、以及突破／跌破測試——可作為行動跡象。

圖 1.1　「交易哪裡找」示意圖

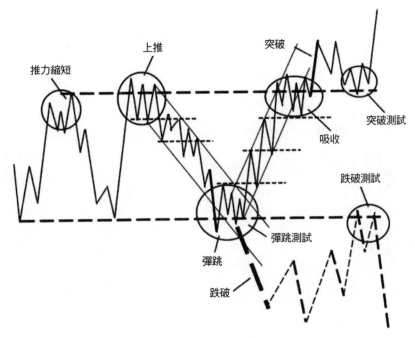

　　在後面那幾章，交易量將會納入這個價格行為的相關知識中。但首先我們將會專注於線條。讀圖而不畫線，就像研究一張沒有邊界的世界地圖。這是接下來兩章的主題，也是我的讀圖方法的第一步。

圖 1.2 那斯達克每日走勢圖

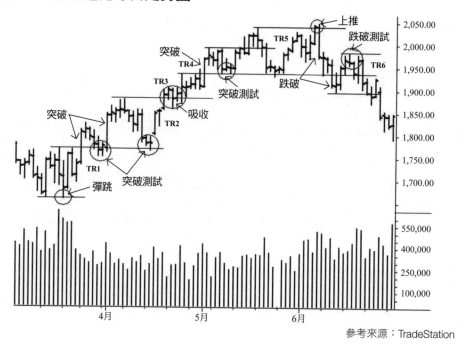

參考來源：TradeStation

本書使用美國線（bar chart，在此稱長條圖），是流行於歐美的原始價位圖形的應用畫法。

第二章

畫線

Drawing Lines

　　有很多交易或技術分析看起來很簡單。例如在網路上，你可以找到各種交易系統，展示出交易如何從 A 點開始、然後在 B 點賣出，短短 4 個月內就獲利 30 倍。一本談技術分析的書，可能會吹捧「突破時買進」或是「趨勢線突破」。趨勢確實需要突破才能維持，但可惜的是，許多趨勢都撐不下去。**趨勢線本身的穿透並不能保證什麼事情，趨勢線突破之前發生的事、以及事情發生的形式，反而揭曉了更多資訊。**然後就有一些懷疑論者老調重彈：「線就是畫來突破的。」那又怎樣！價格變動如果有演變，我們就要重畫。

　　畫出支撐線和壓力線，或許是繪製圖表的基本知識。有人說這是初學者在用的。但令人驚訝的是，有很多人的線都畫錯地方，無法凸顯交易區間內的行為；至於學會辨認價格繞著打轉的水平線的人，又更少了。我們先來看看典型的交易區間，並想像我們從最右邊那天（2003 年 12 月 26 日）的觀點檢視圖 2.1——Level 3 通信公司（Level 3 Communications）。我們看到 9 月 25 日的高點之後，有很大的橫向變動。一條壓力線畫過這個高點，而 10 月 2 日那個最初低點則作為支撐線。為什麼我挑選這兩點作為壓力和支撐位？10 月 15 日和 24 日的高點和低點，效果應該一樣好——或許更好，因為頂點發生於 10 月 15 日。

　　如果我處於當下，我可能會用 10 月的高低點來框出交易區間，可是如果以回顧的角度從右看到左的話，這兩條粗線述說了一個更精彩故事，它們將 10 月和 11 月的上漲或下跌失敗變得更戲劇化。在這兩個點，賣家企圖控制股票並壓低價格。然而這兩次買家都察覺到下跌，因此價格回漲了。這是很重要的資訊，這告訴我們，買家依然有支配權。

支撐線讓我們能夠聚焦於買家和賣家之間的拉扯。12月後半期間，請注意支撐線的上升，因為買家終於克服了賣壓。如此持續的價格上漲（大多數的收盤都接近每日的高點），述說的故事比較像是看漲，而不是大幅擺盪的行動，表示股票的力道很強勁。

圖 2.1　Level 3 通信公司（LVLT）每日走勢圖

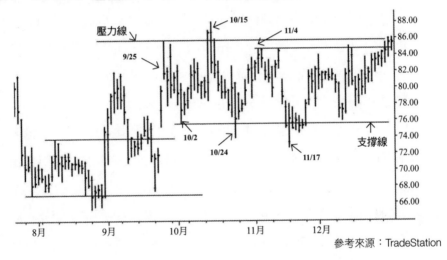

參考來源：TradeStation

　　畫過9月25日高點的壓力線，在10月14日被穿透，此處的價格顯示出它們最高的收盤。在這個時點，買家似乎握有控制權。然而在隔天，賣家奪回優勢，使價格跌回交易區間內。這個反轉行動威脅到8月低點以來的上升趨勢，直到價格拒絕在10月24日和11月17日跌破。請注意，10月的高點在這個交易區間內並沒有扮演任何角色。確實有一條壓力線形成於11月4日的高點，因為它阻擋了12月的兩次回漲。它

標示出從 10 月 24 日低點開始的交易區間。交易區間位於更大的區間內是很正常的現象——尤其當它們跨越好幾個月。

LVLT 的交易區間，跨越 10 月高峰價格約 20％，因此我們必須考慮它的區間大小。在以小時為單位的圖表上，我們發現許多小型交易區間，高低擺盪幅度小於 1％。這些或許頂多只會持續幾天。雖然支撐／壓力線不一定能說出關於錯失機會的生動故事（正如我們在 LVLT 看到的），但它們確實顯示出高低點正在逐漸變低（此例為下降趨勢）。

正如阿哥尼可老鷹礦場（Agnico Eagle Mines）每小時走勢圖（圖 2.2）所示，這些線條揭曉了價格如何與之前畫好的線條互動。交易區間 AA' 是本圖最重要的部分。它包含了較小的區間 BC——這個區間無法支撐市場。有一次跌破來到支撐線 D，導致最後一次回漲，進入更大的交易區間。這次回漲以 2012 年 1 月 17 日的飆漲作收。價格條上的弱收盤，揭露了有人在賣出。支撐線 D 也作為軸線，因為價格反覆嘗試從它下方回漲。最後一次回漲，發生於來自支撐線 E 的上漲。只要畫出這些線條，交易人就能夠預測先前支撐／壓力線附近的價格擺盪（來到高峰或底部）。它們成為交易人軍火庫的重要部分——尤其當線條和趨勢線、通道，以及價格／交易量行為結合時。

有些最實用的軸線會出現於每日走勢圖。在 2006 年 3 月債券每日走勢圖上（圖 2.3），壓力線 A（畫過 2005 年 11 月下半的高點）在 2006 年 1 月提供支撐，並於 2006 年 2 月提供壓力兩次。2 月的兩次回漲是在測試線 A 下方的跌破。軸線本身不會揭露強弱，也不會示意買進或賣出；它只是秀出一個水準，反覆作為支撐線或是壓力線。價格可

圖 2.2　阿哥尼可老鷹礦場每小時走勢圖

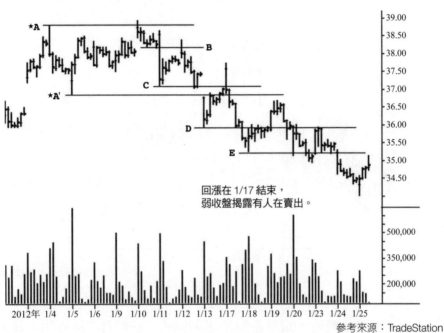

回漲在 1/17 結束，
弱收盤揭露有人在賣出。

參考來源：TradeStation

能會繞著它波動好幾週或好幾個月。頂部結構的最終回漲或是底部的最
終下跌，將會多次沿著一條軸線發生。這條線最有意義的地方，是它背
後的價格／交易量行為。但你必須先學會怎麼觀察線條。藉由練習，你
將可能一眼就看見所有線性關係。

　　當我們畫這些水平線時，會一再看到交易區間兩側的假動作。請比
較 LVLT（圖 2.1）10 月 15 日的假突破，以及 3 月債券在 1 月的飆漲。
在線條的輔助下，這些行為都變得很明顯。請注意 LVLT 在 2003 年 7
月～8 月期間的小交易區間。它（就像 11 月 17 日的拋售）在一次假跌

圖 2.3　2006 年 3 月債券每日走勢圖

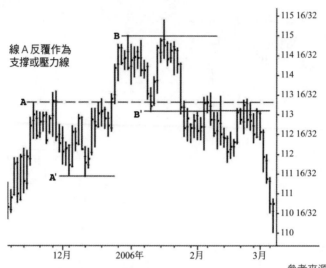

線 A 反覆作為
支撐或壓力線

參考來源：TradeStation

破之後就反轉為看漲。交易區間是水平模式。它們有 3 種形態：長期且持久的橫向變動，就連最頑固的多頭都會因此力竭；尖端形態，價格的振幅逐漸縮成一個均衡點；或是假突破／假跌破。在接下來幾章，我會更詳細解釋這些行為。

趨勢線描繪出上漲或下跌的角度，是動態的支撐線和壓力線，與框出交易區間的靜止水平線形成對比。在下降趨勢中，趨勢線畫過好幾個依次變低的高點。趨勢線可以畫過高點（例如 1 月和 3 月），似乎是很怪異的現象，後來它在 7 月和 9 月提供了壓力。7 月和 9 月的壓力點被稱為「接觸點」——也就是一波趨勢當中，回漲的勢頭被趨勢線擋下的位置。接觸點為趨勢線增添了效力。在一波上升趨勢中，一條趨勢線

畫過升高的支撐點，被稱為「需求線」，因為它標示出買進行為反覆出現的位置。同理，橫越高點的下降趨勢線被稱為「供給線」。需求線和供給線結合在一起會產生趨勢通道，這點之後會再討論。

　　我們先從一些上升趨勢線的樣本開始講起。正常來說，它們是從一次下跌的低點畫起。我們並不想畫一條趨勢線，穿過價格變動抵達第 2 個錨點。在十年期國庫票據每日走勢圖上（圖 2.4），我們看見最簡單的上升趨勢線。11 月 4 日和 12 月 5 日的低點可作為錨點。這條線替 3 次額外的修正提供了支撐。雖然價格在點 3 跌破到此線下方，但很快就回漲並達到新高。你可以看見只因為一條上升趨勢線被穿透就自動做空的固有風險。正如我之前所說，當趨勢線突破之前的行為，以及其

圖 2.4　十年期國庫票據每日走勢圖

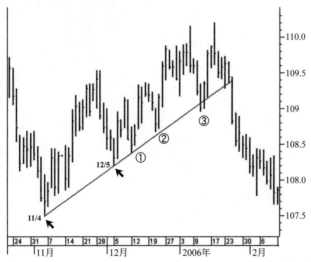

參考來源：TradeStation

發生方式，都述說著某個故事。當你讀完這本書之後，1月25日跌破之前的看跌行為將會清晰可見。兩個月後，十年期國庫票據就跌破了10524。

趨勢線是從圖表上最後一天的觀點畫出來的。你看圖的時候要像測量員一樣，標出可以開發的土地。第2張LVLT每日走勢圖（圖2.5）延伸到2005年12月1日為止。往回看的話，我們可以在10月低點回漲的位置，畫一條次要的趨勢線。我們不會把這個低點當作第一個錨點；假如這樣做，這條線就無法符合上漲的角度了。因此，我們改從第4天

圖 2.5　LVLT 每日走勢圖

參考來源：TradeStation

的低點（點 1）畫線。

　　如果陡峭的上升趨勢線（a）從這個低點畫起，它將會通過價格變動。點 2 的低點是更好的第 2 錨點，因為這條線沒有碰到其他價格，而且它之後在點 3 提供了支撐。還有一個因素：在點 2，我們不知道價格將會持續上漲。連結點 1 和點 2 會創造出一條試探性的線，直到 b 被超過。b 上方的一次回漲構成了上升趨勢。我沒有那麼死板，因為線條總是可以之後再重畫。如果你在十年期國庫票據走勢圖（圖 2.4）應用同樣的推論，那麼上升趨勢線將無法被確定，直到 12 月後半的回漲超過 11 月的高點。12 月的「接觸點 1」和「接觸點 2」都在線上，所以我會毫不猶豫地畫出這條線。

　　假如 LVLT（圖 2.5）在 12 月 1 日之後立刻回漲到 58.95，那麼這裡秀出的趨勢線將不再描繪出上漲的角度。從點 1 畫出的新線條，將不會表現出上漲的角度。這也發生於一次較大上升趨勢內的長期橫向變動之後。

　　從 2003 年 3 月低點開始的道瓊每月走勢圖（圖 2.6），提供了一個很好的例子。這裡我們有一條上升趨勢線，畫過 2003 年和 2004 年的低點。但來自 2005 年 3 月高點的修正，穿透了這條線，接著就是 6 個月的橫向變動。當這個趨勢重新開始，我們可以重畫一條趨勢線、穿過 2003 年和 2005 年 10 月的低點，但這條線會太淺。更好的選擇是畫出第 2 條平行線，並將它定位於 2005 年的低點。這樣可以維持原本的上漲角度，但就不太能準確表示 2007 年 10 月的高點。

圖 2.6　道瓊工業平均指數每月走勢圖

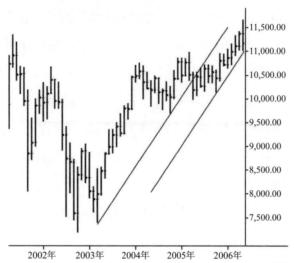

參考來源：TradeStation

　　說到平行線，我們來談談趨勢通道這個主題。在一條上升通道中，需求線畫過許多低點，而一條平行的供給線畫過一個居間的高點。圖2.7描繪出許多錨點以及它們連結的順序。

　　只要畫一條線橫越 LVLT 圖表（圖2.5）的高點 b，你很快就能看見這個模式。理想的上升通道會有好幾個額外的接觸點，邊界內應該要表現出大部分的價格走勢。高於上升通道頂部的回漲，通常比大多數的數學工具更能夠表示超買狀態。還有一組更有趣的通道，出現於 2006 年4 月活牛期貨每日走勢圖（圖2.8）。此圖的上漲初期階段有「低點 1」和「低點 2」。平行線並沒有畫過居間的高點，反而畫過 10 月前半的高點（90 美分）。假如這條線畫過 9 月後半的居間高點，供給線將會

圖 2.7　正常的上升通道示意圖

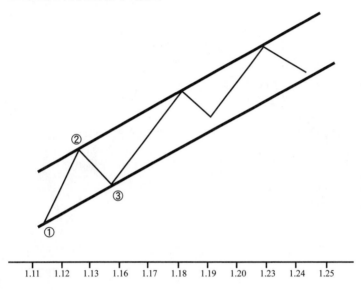

通過幾乎所有價格走勢。我們畫線時必須自由且有創意，與此同時，我們不能硬要畫在某個地方。你可以輕易看出圖表頂部的交易區間，它是由高點上方的假突破，以及完全開放的跌破（穿透區間底部）所構成。這些都是價格反轉向下的線索。我不能遺漏那段到達 2006 年 4 月低點的陡峭下降通道。你可以在 3 月中旬看到 3 個錨點以及無力的回漲。請注意價格在這個小型橫向變動期間，是怎麼上漲到次要供給線上方的。4 月，價格暴跌至需求線再反轉向上，這是向下變動當中最大的回漲。我希望你能看出這條下降通道使用這些錨點的理由。或許在當下實時操作，我會從不同的地方開始，但一旦交易跌破於 90 美分，那麼最佳的通道就會變得清晰可見。

圖 2.8　2006 年 4 月活牛期貨每日走勢圖

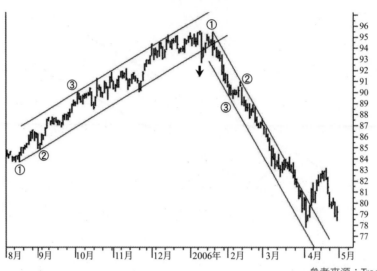

參考來源：TradeStation

　　說到上升通道，就必須提到一件事。艾文斯，最著名也最熱情的威科夫課程教師之一，曾經準備了錄音帶來討論圖表判讀。他發明了生動的隱喻來形容不同種類的市場行為。在一捲最有名的錄音帶中，他跟聽眾分享一個學習工具，這是他以前的學生發明的，叫做「採貝潛水員的悲劇」（The Shell Diver's Tragedy），用來處理「跌破至上升通道需求線下方」之後的行為。

　　他將通道內的市場上漲，比喻成一位在海床撿貝殼、回到海平面（也就是供給線）將貝殼放進漂浮籃子裡的潛水員。在此活動期間的某個時點，他游到比平常深度（需求線）還低的地方，結果抽筋了。他努力試著游到海平面卻失敗，最後慘遭滅頂。在活牛期貨圖表上，點 1 是

最後一次嘗試抵達上升通道的頂部。從這個故事，我們學到怎麼觀察跌破需求線之後的回漲特性。假如價格回漲並衝到新高，那麼上升趨勢就很有可能重新開始。

　　商品研究局（Commodity Research Bureau，簡稱 CRB）指數每月走勢圖（圖 2.9）上，我們可以看到來自 2001 年低點的「非通膨性」上漲。這次陡峭的上漲，非常漂亮地包進從點 1、點 2、點 3 畫出來的上升通道裡頭。請注意後面那幾天的大量接觸點。在 2005 年 1 月的低點之後，當能源價格開始指數性上漲，上漲的角度就更加陡峭，價格沿著供給線上升。第 2 條平行線是從點 4 這個高點畫起，它阻止了接下來的

圖 2.9　CRB 指數每月走勢圖

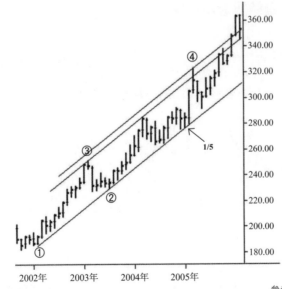

參考來源：TradeStation

兩次向上變動。正如那張道瓊每月走勢圖（圖2.6）所示，第2條平行線讓通道變寬，提供了觀察價格變動時的實用指南。在這個CRB指數的例子中，線條並沒有表示上升趨勢已經結束；它反而變得更陡，而且持續了好幾年。

　　還有一種線條值得注意，就是**反轉趨勢線**以及**反轉趨勢通道**。基本形態就像圖2.10，通常是用虛線畫出來的，藉此和正常的趨勢線／通道做出區隔。有些上升趨勢並不會包進我們之前討論的正常通道內，因為它們很陡峭，我們必須畫一條反轉趨勢線，橫越上升中的高點——點1和點2。若要畫出一條反轉上升通道，那就要畫一條平行線橫越一個居間低點。在圖2.10中，價格沒有跟上升通道的底線互動，不過，它在未

圖 2.10　反轉趨勢通道示意圖

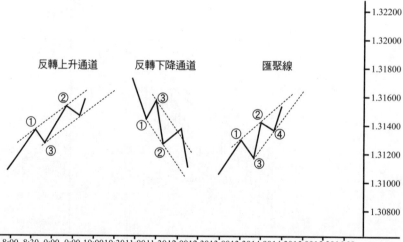

參考來源：TradeStation

來可能會提供支撐。正常的上升趨勢線會跟反轉趨勢線漂亮地結合在一起，形成匯聚線。有些技術人員稱之為上升楔形（rising wedge）。在這個上升趨勢的案例中，匯聚線通常用來表示一次回漲正在疲軟或失去動力。當價格以匯聚線的模式下跌，通常代表這次下跌正在接近低點。

　　圖 2.11 是一張沒有命名的圖表，它包含了上述提到的 3 種反轉趨勢線／通道。本圖左側的下跌被包進一條反轉下降通道（AA）。這條通道的畫法是先將兩個低點連結起來，接著再畫一條依附於居間高點的平行線。反轉上升通道 CC' 比 AA 陡很多，而且價格變動到線 C 上方。請注意來自此高點的拋售，在平行線 C' 找到了支撐。反轉趨勢線

圖 2.11　反轉通道範例

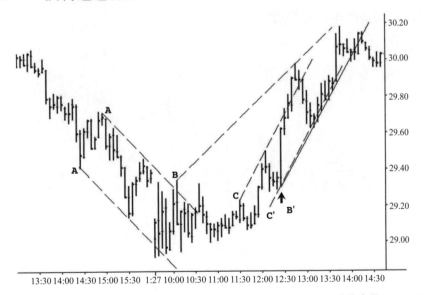

參考來源：TradeStation

上方或下方的變動，通常會標示出擺盪的結束。我認識一位足智多謀的交易人，他已經開發出軟體，展示每天有多少檔股票抵達或超過反轉趨勢線。在上升趨勢中，如果這種股票大幅增加，通常就表示市場很可能會衰退。線 B 和線 B' 並沒有形成反轉通道。線 B 是反轉趨勢線，只要和正常的趨勢線 B' 結合，就會形成匯聚或是楔形形態。我從來就不認為圖表形態有任何重要性，但這個形態除外，因為它跟結束時的行動最為相關。

我要不厭其煩地強調，**反轉趨勢線／通道上方或下方的變動將會導致趨勢反轉**。標準普爾（S&P）每日走勢圖（圖 2.12）秀出 2011 年 8 月低點之後的價格變動。這段波動的交易區間 AB，先是下推到新低

圖 2.12　S&P 每日走勢圖

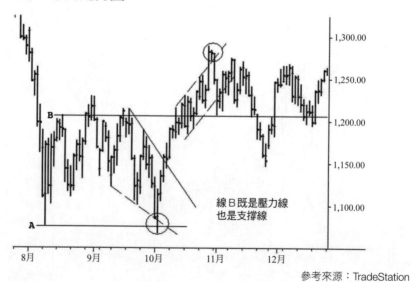

參考來源：TradeStation

點，再反轉向上。請注意，這次反轉發生於跌破至反轉趨勢線下方（位於下降楔形之內）之後。10 月 4 日低點的超跌以及 10 月 27 日高點的超漲都被圈了起來，後者位於反轉趨勢通道上方，最後以 142 點的拋售作收。這裡秀出的月分期間，線 B 既是壓力線也是支撐線。這條線就像 12 月低點後大漲的發射臺。

　　活牛期貨每季走勢圖（圖 2.13）秀出一段持續很多年的反轉趨勢通道。只要從 2011 年高點往回看，你就能偵測到反轉趨勢線（A）畫過 1993 年～2003 年的高點。2011 年的垂直價格上漲，將價格推到這條線上方。這條反轉趨勢線的平行線（A'）畫過 1996 年的低點。在這個情況下，這條線通過了一些價格變動，但它是平行線，而不是起始

圖 2.13　活牛期貨每季走勢圖

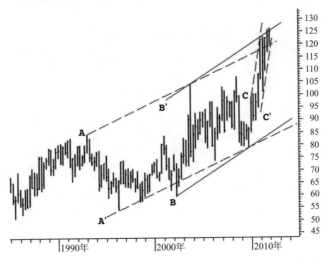

參考來源：MetaStock

線。你可以看見市場多麼頻繁地顧及這條平行線，但這條線要在2003年的高點之後才畫得出來。有一條正常的上升通道（B）畫過2002年～2009年的低點，還有一條平行線（B'）橫越2003年的高點。價格回漲到這條通道的頂部，而線條就在此處匯合。它們一起凸顯潛在末端的重要性。

股市在2007年10月之後達到主要的高點，而大多數的股票之後都跌了。有個例外是美國鋼鐵公司（圖2.14），2007年一整年都在盤整。它在2008年4月暴漲，接下來兩個月每股接近70美元。這次上漲超過了任何正常上升通道的範圍。2008年6月，股票回漲並高於反轉

圖 2.14　美國鋼鐵公司每月走勢圖

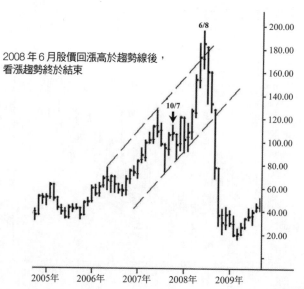

參考來源：TradeStation

趨勢線之後，看漲的趨勢終於結束，而價格崩盤了。正如你所看到的，**只要超過上升或下降的反轉趨勢線，你就要警戒趨勢反轉**。其他趨勢線突破並沒有這種預測值。

　　有些價格趨勢會反抗通道。它們的漲跌太陡，無法包進正常或拓寬的通道內。2006 年 7 月糖期貨每週走勢圖（圖 2.15）於 2005 年 5 月和 2006 年 2 月之間的上升趨勢，可說是這個問題的典型。請看一下這張每週走勢圖上標示的 5 個點。我只能從點 3 和點 5 開始畫線。橫越點 4 的平行線是行不通的，因為價格漲過了它的邊界。就算你畫第 2 條平行線橫越點 2，拓寬的通道還是無法包含最終高點之前的大部分價格變

圖 2.15　2006 年 7 月糖期貨每週走勢圖

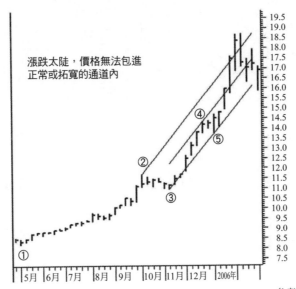

參考來源：MetaStock

動。這或許不是完全「合法」的通道繪製方式，因為第 2 條平行線的高點，比點 3 和點 5 先出現，但這個方法行得通。

　　繪製支撐／壓力線、趨勢線和（正常、反轉或拓寬的）通道時，需要開放式思考。你必須總是考慮其他可能性。現在，技術我講夠了，我們準備來看線條的故事。

第三章
線條的故事
The Story of the Lines

我要不厭其煩地強調在圖表上畫線的重要性，這些線會說故事，並且凸顯價格／交易量行為。它們定義了價格趨勢內上漲或下跌的角度、警告你市場已經達到趨勢內的超買或超賣點、框出交易區間、描述那些盤繞至均衡點（尖端）的價格，並協助預測哪裡會支撐或抵抗修正。

我們先研究大豆油期貨。圖 3.1 秀出 2001 年 12 月到 2002 年 5 月 6 日之間，大豆油期貨每日走勢圖上的價格變動。假設今天是 5 月 6 日，而我們正要開始檢視這張圖表上的行為。我先從支撐線和壓力線開始。

支撐線 A 畫過 1 月 28 日的低點；壓力線 B 畫過 2 月 5 日的高點；而壓力線 C 畫過 3 月 15 日的高點。只要延伸這張圖表上的水平線，我們就能看見之後 3 月和 5 月的修正是如何獲得線 B 的支撐。當一條線交替作為支撐線和壓力線，我就稱之為軸線（axis line），價格傾向於圍繞這些軸線。

在重量級著作《股票趨勢技術分析》（*Technical Analysis of Stock Trends*）中，羅伯・愛德華（Robert Edwards）和約翰・馬基（John Magee）對於支撐線和壓力線，提供了最廣泛的討論。雖然他們從未提到上述脈絡中的軸線，但他們恰好談到了水平線交替作為支撐線和壓力線的現象：

有個既有趣又重要的事實，更奇怪的是，許多隨便的圖表觀察家似乎從未掌握到：這些關鍵的價格水準，會不停切換自己的角色，從支撐變成壓力、從壓力變成支撐。本來是頂部，一旦被超過，就變成之後下降趨勢中的底部區域；本來是底部，一旦被穿透，就變成之後上漲階段

圖 3.1 大豆油期貨每日走勢圖

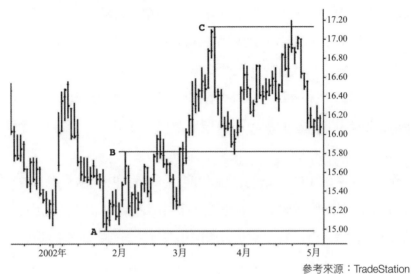

參考來源：TradeStation

的頂部。[1]

　　支撐線／壓力線在圖表這個部分也框出兩個交易區間。只要畫
線，我們就能更清楚觀察那些想突破兩側的企圖，就像身處第一次世界
大戰的壕溝戰。交易區間兩側的大量假突破，是對於反抗力道強度的重
要測試。我們之後會討論到，許多低風險的交易機會，都是由這些測試
提供的。

註1：羅伯·愛德華和約翰·馬基，《股票趨勢技術分析》（波士頓：約翰·馬基，1987年），第212
　　頁。

在這個市場發展階段，只能夠畫出一條重要的趨勢線。圖 3.2 中，
趨勢線 T 畫過 1 月〜2 月的低點。請注意 5 月初的價格如何和這條線互
動。平行線 T' 畫過 3 月的高點。這是一條正常的上升通道，支撐線（或
需求線）畫過兩個低點，而壓力線（或供給線）畫過一個居間的高點。
在這個案例中，居間高點將會位於 2 月底。由於隨後的價格變動，一條
橫越實際居間高點的線，將會毫無意義。因此，這條線畫過圖表上較高
的點。

上升通道 TT' 描繪的上漲角度並不陡，也不包含更大的回漲。TT'
裡頭秀出了兩條次要的上升通道。其中第一條（從 2 月底到 3 月 15 日）
是正常通道；至於從 3 月低點到 4 月高點的較慢價格上漲，也被一條正

圖 3.2　大豆油期貨每日走勢圖 2

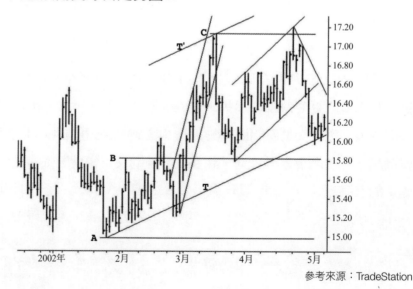

參考來源：TradeStation

常的上升通道框了出來。

　　請注意市場在4月如何漲過這條上升通道的頂部及壓力線C，但後面沒有跟進。價格漲到通道供給線上方，創造出超買狀態，這比數學上的指標所提供的資訊更可靠。我們並沒有太早下定論，因為最高點那天的收盤位置表示市場已經遇到供給（賣出）。來自4月高點的衰退，陡到無法畫出通道，所以我只畫一條簡單的下降趨勢線。在買家和賣家之間拉扯的某些時點，價格通常會到達線條的交會點或匯合點。有好幾次，這些區域都產生重要的轉折點。在4月的高點，我們看見一條次要上升通道的供給線碰到壓力線。在5月的低點，我們看見趨勢線T、壓力線B以及一條次要下降趨勢線匯合在一起。**當線條像這樣匯聚的時候，你應該要警戒轉折點的可能性。**

　　我很少只基於趨勢線的證據來確立交易，其他因素也要納入考慮，這我們之後再討論。然而，假如你想只基於一種技術現象來做交易，這些線條將會成為極佳的指南。

　　圖3.3秀出2002年7月第2週的價格變動。我們立刻就能看見，來自5月低點的上漲，一開始很快速地連漲4天，再慢慢變成整齊的階梯狀。從5月的低點開始，可以從不同的轉折點畫出幾條通道，但是到了5月30日（高點之後5天），通道VV'顯得最為合適。這次回漲遠遠超過了TT'通道的頂部。從6月6日的高點開始，形成了一個新的交易區間。請注意這個區間的下邊界，是如何靠近之前的壓力線C。

　　市場回漲並高於5月的高點之後，我會畫出XX'通道；它的畫法是連結5月和7月的低點，然後再畫一條平行線，橫越6月的居間高點。

圖 3.3　大豆油期貨每日走勢圖 3

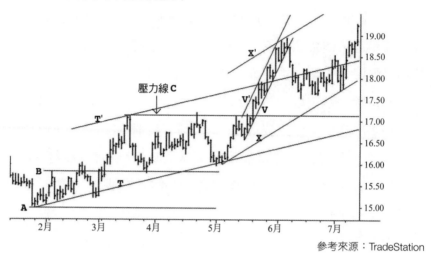

參考來源：TradeStation

　　在我們放下這個市場研究之前，來看一下最後一張圖——圖 3.4。這裡我們可以看見來自 7 月低點的回漲，微微高於 XX' 通道，創造出超買狀態。壓力線 E 畫過 7 月高點。市場從這個高點衰退，直到沿著線 D 找到支撐。價格再度暴漲之後，就可以畫出趨勢線 Y。它和線 X' 形成一個上升楔形。雖然我對尋找幾何模式沒興趣，但匯聚線清楚秀出了上升推力的縮短。請注意價格如何持續推過通道 XX' 的供給線，但無法形成更陡的上漲角度。在這個通道上方最後一個高點的拋售之後，我畫出壓力線 F。這次拋售在線 Y 附近找到支撐，而市場其實是先在線 F 上方產生極小的新高點，再反轉向下。在這個交接處，請注意線條的匯合：壓力線 F、供給線 X'、支撐線 Y，全都匯聚於此處。而支撐線 G 畫過最後兩個高點之間的低點，在接下來幾週扮演重要的角色。

圖 3.4　大豆油期貨每日走勢圖 4

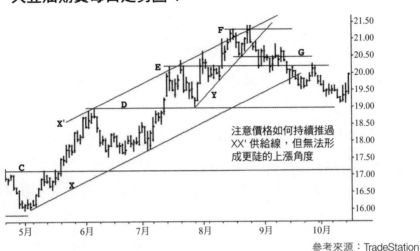

注意價格如何持續推過
XX' 供給線，但無法形
成更陡的上漲角度

參考來源：TradeStation

　　到目前為止，我們只處理價格變動展開時圖表上的線條。圖 3.5
中，大豆油期貨圖表上標出 8 個重要的點以供討論。我們要用這些點來
看出結束行動，或者即將發生的結束行動的線索。點 1 是線 C 上方的
假突破。市場在此處回漲並高於壓力線，但在此線下方、本日低點附近
收盤。兩天後，狹窄的區間表示需求已經疲軟，而價格會拉回來。隨
後的拋售發生於線 B 上方。注意價格區間在拋售那天的低點變窄。此
處賣家似乎占上風。然而價格在點 2 反轉向上，在前一天的高點上方收
盤，讓市場處於強勢的位置。這次反轉將價格推得更高，直到這次回漲
在 6 月初疲軟。

　　請注意位於 6 月高點的狹窄區間和弱收盤。經過一次拉回和盤整
之後，市場回到新交易區間的上端。它在一段狹窄區間內原地踏步了 3

天，然後在接下來兩個時段加速上升。點3涉及狹窄區間內的吸收，比突破先發生。價格在點4回漲並高於那條來自5月低點的上升通道，而收盤位置表示有人在賣出。到達點5的拉回，測試了價格垂直上升的區域。點5附近的收盤位置反映出有人買進。在點6和點7，我們看見價格如何努力想要繼續上漲。反轉趨勢線（虛線）可以畫過點4和點6的高點，以凸顯市場缺乏向上進展。位於點8的極小新高點以及弱收盤，表示需求已經沒力了。點4和點8之間的漸增行為（點5例外），表示大豆油的上升趨勢正在疲軟，因此提高了修正的機率。支撐線G下方的高交易量突破（見箭頭）表示賣出的力道已經贏過買進。買家試圖收復支撐線G下方的失土；然而，兩次回漲皆以弱收盤作收，因為買家的力道受到賣家阻撓。之後的章節將會討論這些重點。

圖 3.5　大豆油期貨每日走勢圖 5

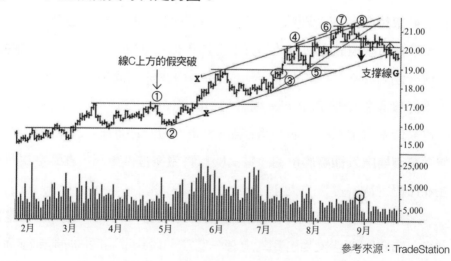

參考來源：TradeStation

　　我們在大豆油期貨每日走勢圖上畫的這種線條，也可以應用於更長期的圖表；這些線條會幫助你把注意力集中於較大的「戰線」，而在某些案例中，它們已經提供支撐和壓力好幾年或好幾十年了。「市場在歷史框架中的位置」這種意識，符合股票投資人、部位交易人或期貨市場內商業操作的需求。長期支撐／壓力線、趨勢線和通道，連同價格條的區間（每週、每月、每年）和它們的收盤位置，皆可用同樣的方式解讀——前面已經詳細說明過這點。研究長期圖表時，時間是唯一的不同之處，每小時或每日圖表的價格變動，可能比每月或每年圖表更快解讀出來。但唯有認出長期機會在什麼時候發展出來，才能獲得最大的報酬。我們得知這個資訊之後，就能把注意力全部集中於每日圖表上。

　　2002 年的大豆油期貨就是這樣的機會。圖 3.6 秀出 1931 到 2003 年的每年現金大豆油期貨價格。它述說了過去 75 年來許多商品的故事：

- 1930 年代初期，經濟大蕭條最嚴重的時候，價格跌至谷底。
- 在馬歇爾計畫（The Marshall Plan）[i] 的刺激下，價格漲到 1940 年代晚期的高點。
- 價格進入極度黯淡的時期，直到 1960 年代晚期才甦醒。
- 1970 年代中期，價格在通膨壓力下飆漲。
- 價格進入極度波動的交易區間，直到 1999 年～2002 年的谷底。

---

i 二戰後美國對戰爭破壞後的西歐各國進行經濟援助、協助重建的計畫。

圖 3.6　現金大豆油期貨每年走勢圖

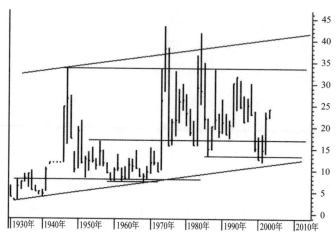

參考來源：MetaStock

　　這已經是美國生產許多農業商品的普遍價格模式。幾條水平的壓力線畫過 1935、1947 和 1956 年的高點。請觀察市場與這些線條的互動。1952 年和 1972 年之間，大豆油期貨價格穩定在 1935 年高點的上方；1956 年的高點被 1973 年的迅速上漲給飆破了，這有一部分歸功於出口需求。這次爆炸性的回漲突破了 1947 年的高點，但好景不常，因為價格迅速跌回 1956 年高點的區域。一個新的交易區間大約發展於這個以前的壓力水準的上方。1985 年之後，價格盤繞了 13 年，形成一個尖端。而從 1998 年到 2000 年的跌破，則源自 1975 年低點的較大交易區間的最後一次暴跌。2001 年，在我們的每日走勢圖研究開始前不久，價格反轉並高於 2000 年的高點，且在區間中央附近收盤，這等於將大豆油期貨置於跳板上，使它有更大的向上變動。

只要理解 2002 年初長期圖表上的市場位置，5 月和 7 月的轉折點就有更大的意義。到了 2004 年上半年，價格已經回漲到 34 美分的區域。後來價格再度翻倍，漲到 2008 年的高點（71 美分）。

圖 3.7　現金可可豆期貨每年走勢圖

參考來源：MetaStock

圖 3.7 中，可以看到回溯至 1930 年的現金可可豆期貨價格歷史。可可豆的主要轉折點跟大豆油是一致的：1930 年代初期的低點；來到 1960 年代低點的長交易區間；1970 年代期間的巨大上揚；以及二十世紀末的谷底。1977 年，可可豆的價格處於高峰，比 1933 年的低點還貴 74 倍。1977 年的價格區間等於 1933 年到 1973 年的距離，唯有半對數尺度（semilog scale）才能讓你看見早期的價格歷史。畫過 1940 年～ 1965 年低點的上升通道，已經包含了幾乎所有價格走勢；然而在 1977

年，價格超過了通道。

　　隔年，1977 年的所有獲利都被抵消了。來自 1977 年高點、為期 24 年的下降趨勢，以整齊的樣子進展著。每個支撐位都為之後的年分提供壓力，而它們在未來應該會扮演重要的角色。我認為 1992 年的可可豆價格已在谷底。向下推力縮短，價格已回到 1947 年壓力線的上方，而且正在測試 1973 年的垂直起飛區域。雖然到了 1998 年價格幾乎已經變成兩倍，但這次向上變動太過吃力。請注意，1997 年的次要突破之後，並沒有上升的跟進。1999 年，可可豆經歷了一次持續的向下變動，最後在 1992 年的低點附近止跌。

　　2000 年發生了行為上的顯著變化。此處我們看見小小的向下進展，但沒有回漲的跡象。每年價格區間縮到 1971 年以來的最窄程度（請記住，每當價格下跌，半對數尺度就會畫出較長的價格條。因此，如果你只是匆匆瞥過圖表，可能會以為 1987 年和 1996 年的區間比 2000 年還小，但這是錯的）。

　　有鑑於我們對於狹窄區間的討論，2000 年的行為值得特別關注。市場在 1992 年低點和長期上升趨勢線下方原地踏步。**「趨勢線被突破」本身並不是重大的後果，重點在於「趨勢線是怎麼被突破的」以及「跟進的量」**。正如你所看到的，向下變動並沒有放鬆。假如賣家仍然占上風，價格應該會繼續下跌。隔年當價格反轉並高於 2000 年的高點，趨勢的變化就變得很明顯。價格漲過 2000 年的高點之後，你就可以安心購買可可豆而不怕賠錢了。接下來兩年，可可豆的價格漲超過兩

倍。1992 年～2001 年期間的行為，就是圖表上任何時期所形成的谷底的典型行為。

在可可豆和大豆油期貨的每年走勢圖上，主要支撐線／壓力線周圍的價格行為述說著主線的故事。在每月債券走勢圖上（圖 3.8），故事是不一樣的。此處我們看見一條反轉趨勢通道（虛線），極為恰當地描繪了債券期貨的上漲角度，畫過 1986 年～1993 年的高點，還有一條平行線橫越 1987 年的低點。第 2 條平行線畫過 1990 年的低點，並在 1994 年和 2000 年 1 月提供了支撐。這條較低的平行線第一次被畫出來之後，從來沒有跟價格互動過。

1998 年和 2003 年的回漲，穿透了反轉趨勢通道的頂線，創造出暫時性的超買狀態。反轉趨勢線和／或趨勢通道，通常最適合最陡的上漲／下跌趨勢角度。畫過 1981 年或 1984 年低點的正常趨勢通道，永遠無法包含隨後的價格走勢。然而，價格從 1994 年的低點回漲之後，我們可以畫一條橫越 1987 年～1994 年低點的正常趨勢通道，附上一條橫越 1993 年高點的平行線。這與反轉趨勢通道搭配得很好。我偏愛反轉趨勢通道，因為它描繪了原始的上漲角度，而正常通道強化了這個訊息。3 條通道頂線在 2003 年頂部匯合，警告債券市場被極度超買。這 3 條線在整段上升趨勢的過程中扮演了重要的角色。

1987 年的戲劇性拋售（跟股市崩盤同時發生），在 1982 年～1983 年的高點上方找到支撐。價格之後在壓力線（畫過 1986 年的高點）上方盤整。你可以輕易看見一個橫跨 3 年的尖端，在 1997 年收尾。畫過

1998年高點的最上方的壓力線（長期資本管理公司〔Long-Term Capital Management，簡稱LTCM〕的潰敗所造成），終止了2001年的回漲。2002年8月和2003年4月之間，為期9個月的「打氣」行動，標示出5年交易區間的開端。2008年12月，當股市陷入困境，債券卻飆到143，這直到2012年為止都是前所未聞的價格。接著債券在波動的26點區間內交易，直到2011年9月的突破達到147。這個高點碰到了和2003年頂部相同的反轉趨勢線。

圖 3.8 債券每月走勢圖

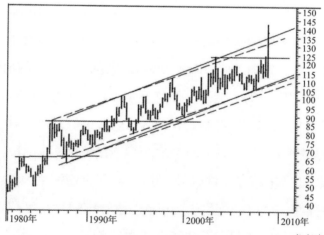

參考來源：MetaStock

在現代威科夫課程中，橫越交易區間底部的支撐線，被比喻成覆蓋結凍池塘的冰層，它就叫做「冰線」（ice line）。威科夫從未用過這個名詞，但它提供了很好記的比喻。可可豆期貨每年走勢圖（圖

3.7）上，1977年～2000年的下降趨勢，展示出價格反覆與之前的支撐線或冰線互動。還有一個更小的例子出現於圖3.4（大豆油）。畫在兩個高點之間的支撐線G，就是一條次要的冰線。雖有好幾次嘗試，想要從線G下方回漲，但都沒有發展出持久的上漲。

　　價格與冰線互動的最佳例子之一，發生於QQQ（圖3.9）達到史上最高價之後。QQQ在2000年1月經歷了既尖銳又大量的跌破，但接著成功達到一系列的新高點。2月起飛之後，QQQ花了10天，在1月交易區間上方盤整。它突破了這個先前的壓力水準，爬到3月10日上升通道的上方（點1），此處的每日區間變窄，而股票在當日低點附近收盤。它看起來很疲軟，而且跌回3月16日的低點。之前在15日（點2），這支股票跌破，創下其史上最大的下降交易量。交易量無法在隨後回漲至3月24日頂部時（點3）擴大，這裡我們可以看見上升通道內的超買位置、位於區間中央的收盤，以及減弱的上升進展（超過3月10日的高點）。隔天買家試圖提高價格卻徒勞無功（狹窄區間、低交易量、弱收盤），這支股票朝著目前交易區間的底部連跌了3個時段。

　　4月3日（點4），QQQ跌破那條畫過3月16日低點的冰線（價差變寬、交易量變大），並且低於1月的高點。每日區間和交易量的大小創下新紀錄，但買家已經習慣逢低買進，他們急忙進場讓價格漲到當日新高，並且高於冰線。儘管有這次當日回漲，但來自3月24日高點的32點跌破，表示投資行為顯然變成看跌股市了。隨後出現低交易量的回漲，但只回漲了先前跌幅的50％。4月10日的向下反轉（點5）結束了冰線上方的回漲，而價格在5天內跌了29點。請注意4月時，價格如何

圖 3.9　QQQ 每日走勢圖

參考來源：TradeStation

在畫過 1 月低點的支撐線附近穩定下來。但到了那時，這支股票的價值
已經在 16 天內跌了 35%。這次下跌的速度和幅度，預示了主要趨勢變
化的開端。雖然高峰完成了，但與冰線的互動又持續了 6 個月。

　　圖 3.9 秀出的線條如果延伸到 QQQ 每週走勢圖（圖 3.10），就會
說出一個更大的故事。此處我們看見這支股票在 4 月和 5 月期間掙扎了
6 週，想要透過回漲擺脫 1 月的支撐線。賣家暫時贏過買家，讓這支股
票跌到這條支撐線下方，但由於沒有跟進，所以產生了大反轉。這導致
原始冰線受到測試。

　　第 2 次拉回之後，7 月底這支股票在冰線又衝了一波。本週最後一
天──2000 年 9 月 1 日的收盤位於冰線上方；然而，隔週沒有跟進、再

加上向下反轉，凸顯出賣家的支配權。價格回到交易區間底部（圈起來的區域），買家和賣家激烈廝殺了5週。這裡就是買家最後的希望。來自空頭清算位置的買進，於4月～5月低點附近建立，9月初賣空的交易人獲利了結，新的多頭則逢低買進。賣家吸收了買進，攻頂過程就結束了，而下降趨勢正式開始。雖然3月的低點已經標示了一條冰線，但同樣的比喻也可以應用於畫過1月低點的線。事實上，畫過任何交易區間底部（每年或每小時圖表上）的支撐線都可以看成冰線。長期之下，我們應該預期2000年1月的冰線，在所有那斯達克指數中扮演重要的角色。事實上，來自2009年低點的上漲，在2012年就是停在此線上。

圖 3.10　QQQ 每週走勢圖

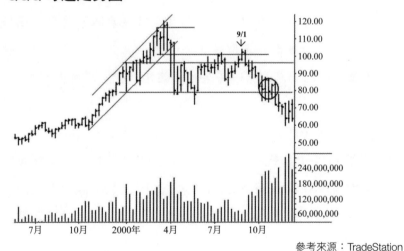

參考來源：TradeStation

　　這本書自始至終，我們將會看到更多「價格跟各種線條和通道互動」的例子。但我必須再描述一種互動。介紹威科夫課程給我的人一直強調尖端的重要性。他不把尖端看成所謂的「連續形態」。事實上，他完全不關心圖形識別，反而尋找價格緊縮的地方，尤其是位於（或接近）兩條趨勢線的匯聚點。**尖端本身幾乎沒有預測價值，只是表示價格擺盪的幅度已經縮成供需力道之間的均衡點；這個均衡點無法無限持續下去，它將會破碎。你要尋找那些暗示未來方向的價格／交易量線索。**通常證據會互相矛盾，直到不尋常的交易量暴增或是反轉行動，讓情勢倒向某一方。威科夫描述了一種行為，能從黯淡之中預言市場方向。他寫道：

　　當黯淡的市場無力回漲，或是沒有回應看漲的消息，嚴格來說它是弱勢的……另一方面，當價格逐漸硬化、跌勢沒有擠掉大量股票、股票沒有因為不利的消息而下跌時，我們就能期待市場將在不久後上漲。[2]

　　長期圖表（每月、每年）上的尖端尤其令人洩氣，但它們會提供最大的報酬。1960 年代晚期到 1980 年之間，我的一位朋友兼導師就在找出這種情況。在關於期貨交易的稅法改變之前，他藉由長抱六個多月的合約，賺取長期資本利得。這需要購買延期合約，並且非常堅持緊抱，

註 2：Rollo Tape（筆名），《盤勢判讀研究》（伯靈頓，佛蒙特州：Fraser，1910 年），第 104 頁

這些部位通常必須滾動好幾次，才會發生他期待的價格變動。他就跟威科夫一樣，大部分的長期預測都是基於一組同類的點數圖。

最難忘、持續最久的尖端之一，發生於 1974 年和 1977 年之間的白銀期貨（圖 3.11）。由於商品趨勢看漲，鮮少交易人懷疑白銀最後將會向上變動到它的交易區間之外，但沒人知道哪次向上變動是「真的」。由於眾人一致看漲，市場必須盡可能耗盡多頭部位。每次向上擺盪都會吸引一群新的投機者，他們在隨後的向下擺盪時立刻就被耗盡。但線索浮現了（多半出現於每日長條圖）——買家正在穩定地勝過賣家。在每月圖表上，不尋常的交易量出現於 1976 年 11 月～12 月。一直到好幾年後，價格才跌到這個時期低點的下方。1977 年 6 月，白銀找到了支撐；雖然這個低點在 9 月被洗掉了，但月底的價格位於區間中央。1977 年 8 月的交易量是一年內最低，由此可見賣壓被耗盡了。價

圖 3.11　白銀期貨每月走勢圖

格緩緩上漲兩個月,並於 11 月～12 月期間縮成尖端的點。

　　來自這個尖端的「突破」,以最沒力的形態發生:一個區間狹窄的月分,接著一個橫向變動的月分。它就像一臺載滿貨物的卡車,緩慢笨重地開出車庫。1978 年 3 月的向上變動,讓價差變寬了,因為價格超越 1975 年的高點,但這裡沒有垂直的起飛。請比較 1974 年 1 月～2 月的價格行為,以及 1978 年期間的價格上漲。1974 年頭兩個月的垂直價格上漲,反映出投資人的搶購,這是一種投機性的宣洩壓力——威科夫稱之為「皮下注射」(hypodermics)。

　　然而,1978 年的價格上漲既沒有號角齊鳴、也沒有興奮之情。它沒有令人產生購買欲,反而使人疑心。價格緩慢攀升後,一再測試每個支撐/壓力水準,買家也逐漸勝過持續的賣出。每個壓力水準所提供的白銀數量,都被穩定吸收,金屬的所有權從散戶移到專業投資人手上。白銀的緩慢價格變動,在許多方面都很像 1 分鐘或 5 分鐘長條圖上的行動。盤勢判讀者早已認清緩慢回漲的重要性,價格上漲時的沸騰泡沫反而不重要。我想到威科夫的「價格逐漸硬化」(gradual hardening of price)。針對這個行為,韓佛瑞·尼爾(Humphrey Neill)寫道:「更加循序漸進的上漲(交易量不變,沒有暴漲和大幅度價格變動),表示買進的品質更好。」[3] 我應該補充一下,逐漸上漲會吸引賣空者,他們

註3:韓佛瑞·尼爾,《盤勢判讀與市場戰術》(Tape Reading and Market Tactics,伯靈頓,佛蒙特州:Fraser Publishing,1970 年),第 118 頁。

會將這種緩慢的步調視為需求疲弱的跡象，而當他們強行回補時，就有可能賺取額外的價差。總而言之，每月白銀圖表上，從跨越 4 年的尖端開始的突破，起初並沒有大聲宣布新的上升趨勢開始了，反而是緩慢爬行，最後才以驚人氣勢成為期貨市場史上最大的牛市之一。

　　我們才剛檢視過發展了好幾年的典型尖端。此外，還有很多較小的尖端，是用趨勢線的簡單三角測量畫出來的，以秀出價格的交會點。有時這種三角測量有意義，有時則沒有。但它有助於凸顯一個收縮點，就像圖 3.12（斯倫貝謝，世界上最大的油田服務公司，簡稱 SLB）上這兩個點。

圖 3.12　斯倫貝謝每日走勢圖

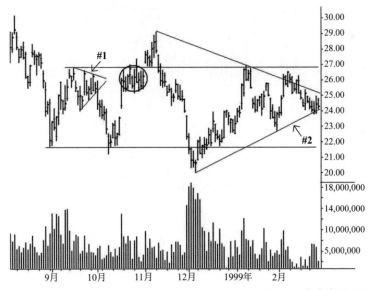

參考來源：TradeStation

　　第一個尖端（＃1）在1998年9月期間花了幾天形成，沒有更大的脈絡可循，它是獨立的。更大的尖端（＃2）橫跨了4個月，但當我們在每週圖表上（圖3.13）看見它的位置，就能更加理解其重要性。這個尖端內的價格／交易量行為，是預示了未來還會走弱，或是新的上升趨勢會開始？結束於1998年12月4日的那一週，總交易量為圖表上最大，它就是高潮。在每日圖表上，我們看見一股巨大的力道，讓價格跌到交易區間下方。不過由於幾乎沒人跟進，因此這支股票很快就漲回交易區間。12月4日那週期間浮現的賣出，被隨後的反彈抵消了。在每週圖表上，一次賣出的高潮發生於12月初。

圖 3.13　斯倫貝謝每週走勢圖

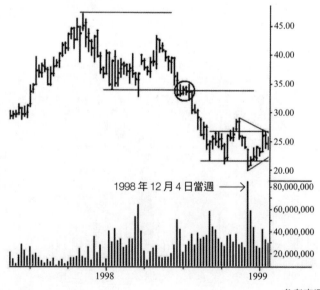

參考來源：TradeStation

在每日圖表的脈絡中,我們觀察來自1998年9月低點的交易區間的細節,12月的大量暴跌導致向上反轉。它產生了一次回漲,來到交易區間上方。到達1月低點的拉回,交易量較低,這是對此低點的次級測試。當價格漲到1月低點,你可能已經認清價格正在縮成一個尖端。線條會畫過11月~1月的高點以及12月~1月的低點,以表現出價格變動。1月初的快速上漲及2月初再次上漲,反映出買家的渴望。接著這支股票拉回至上升趨勢線,停在1月低點上方。

圖3.14秀出的過去8週中,價格緊縮成2.25點的區間。這表示不久後就會有變動發生。這支股票可能開始擺脫尖端並反轉向下,或是會向下突破再反轉向上。假如我們在突破時買進,或是在跌破時賣出,風

圖 3.14 斯倫貝謝每日走勢圖（放大）

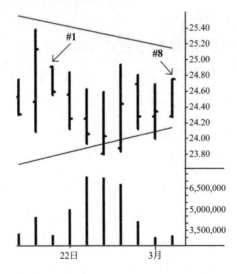

參考來源：TradeStation

險就會增加，使自己無法招架股價的上下變動。12 月初的賣出高潮、來自 12 月低點的反轉，以及這支股票產生更高支撐的能力，全都描繪出看漲的故事。現在我們來判讀過去 8 個價格條的訊息。

第 1 天到第 4 天，收盤價較低，並且接近其低點。交易量在第 3 天和第 4 天增加。請注意第 3 天到第 5 天的收盤，聚集於一個 44 美分的區間內，這表示儘管賣出的力道很大，但報酬很少。第 5 天的回漲抵消了前 4 天大部分的損失，而交易量大增表示有需求存在。接下來 3 天，價格縮進第 5 天的區間內，而交易量減少了。第 5 天到第 7 天的收盤，聚在一個 31 美分的區間內，這支股票來到了正中心的位置。這張圖表告訴大家，第 8 天投資人做多，停損點則設在第 4 天的低點。3 月 3 日 SLB 開盤為 25，一開始就漲到 44。位於尖端的價格／交易量行為不會總是如此完美，你很可能要面對更模稜兩可的情況。在這些情況下，尖端點前面的行為通常會決定結果。

正如之前提到的，**價格緊縮是尖端的特徵**。當它出現在每年圖表上，效果可能會最具戲劇性。最佳例子之一出現在每年糖期貨走勢圖上（圖 3.15），現金價格在 2000 年的區間內盤繞了 4 年。當時我以為附近的期貨價格會反彈到 16 美分，也就是 1990 年代的高點，沒想到現金和期貨在幾年後都漲破 35 美分。

現在我們目光轉到家得寶（Home Depot），每週走勢圖（圖 3.16）上有一個不完整的尖端，如圖所示。**第一次接觸到一張圖表時，我會剖析它——畫出適合的線條，並強調那些最突出的特徵。**此處我們看見價格在 1999 年晚期回漲到一條上升通道（來自 1998 年的低點）上

圖 3.15　現金糖期貨每年走勢圖

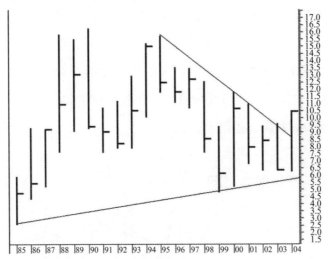

參考來源：MetaStock

方，因此可以觀察到以下情況：

1. 1999 年 12 月頭兩週的垂直價格上漲；第 2 週的交易量是 1998 年低點以來最多。

2. 2000 年 1 月第一週的拋售，是這幾年來最大的下跌，還伴隨著 1998 年低點以來最大的下跌交易量。

3. 3 月中旬回漲時的向上變動大放鬆；圓圈內的收盤位置警示了即將發生的麻煩。

4. 4 月第 2 週期間的小小上推以及巨大的向下反轉。

5. 5 月的支撐形態，位於 1999 年 4 月～7 月壓力線的上方。

6. 2000 年 7 月的小幅上推，緊接著是 8 月第 2 週期間、每日交易量最大的向下反轉。

這些要素加在一起，述說了看跌的故事。接下來幾週內，價格緊縮成一個尖端，位於「來自此高點的下降趨勢線」以及「來自 2000 年 5 月低點的上升趨勢線」之間。

圖 3.16　家得寶每週走勢圖

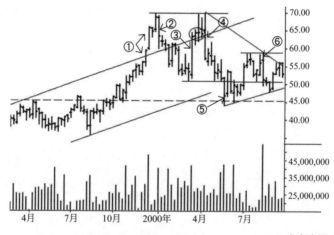

參考來源：TradeStation

這個尖端的細節位於家得寶每日走勢圖上（圖 3.17）。此處我們看見一個橫跨 16 天的狹窄交易區間，它是在每週圖表上的寬區間內（點 6）形成的。第 9 天，價格跌破區間底部，但沒有出現跟進的賣出。這個低點在第 13 天受到測試，當天這支股票在低點上收盤。賣家

又一次沒有利用看跌的價格行為。這支股票在第 15 天回漲並高於交易
區間，但收盤時下滑了一點。這支股票在最後一天突破時，沒有更多買
進力道存在，因此在「長條 15」的低點下方收盤。最後一天的下跌交
易量是 8 月低點以來最大。現在我們可以看到一連串的行為。沒人能確
定交易區間是否會繼續、而價格會進一步盤繞成尖端，但在一張壓倒性
看跌的每週圖表的脈絡下，這個次要的上推增加了跌破的機率。空頭建
立於隔天的收盤或開盤，並於第 15 天的高點上方停損。隔天這支股票
跌到 51.12。4 天後它來到 35，巨大的交易量表示高潮的行動。我明白
小型交易區間內的一些波折有時似乎是看漲的，但市場在供給上次超過
需求的區域（點 6）停滯不前，才是最重要的考量，它應該能使你堅持

圖 3.17　家得寶每日走勢圖

參考來源：TradeStation

尋找做空的機會,而不是想要快點做多。

　　在斯倫貝謝和家得寶的研究中,我不只是帶領讀者判讀線條的故事,而是將線條的故事和長條圖整合在一起,包含了價格區間、收盤位置和交易量的比較。接下來還有更多內容。

第四章

讀長條圖的邏輯

The Logic of Reading Bar Charts

研究長條圖的時候，我們要經過一個依序評估的過程，通常是將「當前的價格變動」和「最近的價格條」做比較。藉由這個比較，我們可以推論出下段時期會發生什麼事。當然，總是要面對現實──任何事情都可能發生。我們觀察的市場可能會因為意想不到的新聞事件，而出現急遽的向上或向下跳空。機率曲線有極端值，但任何冒險從事投機行動的人，都必須接受這是這個領域的一部分。

以下的作業真的很抽象。沒有趨勢線、通道、支撐／壓力水準這些脈絡線索，只有交易量而已。我們假設兩件事：每條垂直長條代表一天，而價格處於下降趨勢。第一條長條是「第 a 天」，第 2 條是「第 b 天」。光從這麼少的資訊，你該怎麼預測「第 c 天」會發生什麼事？我明白事情總是有兩種解讀（玻璃杯不是半滿就是半空），但你的最佳推論是什麼？有些例子的情況可能會太模稜兩可。

請考慮價格區間和收盤位置。別把這兩條長條的順序想成固定範本，用它來研究未來的價格變動。我們必須檢視兩天的價格行為，才能

圖 4.1　依序圖表判讀

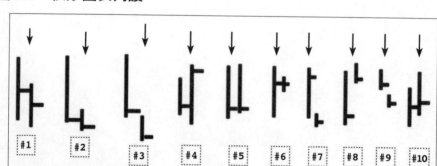

對隔天做出符合邏輯的預測。以下包含我的觀察和推論：

　　圖4.1，#1：長條a的大小反映出下跌沒有阻力，它描述了大型長條的意義。由於收盤位於區間中央，我們假設買進出現於這天當中較低的水準。區間在第b天緊縮，因此反映出下跌阻力。這天的低點只比第a天的低點稍微低一點，因為推力縮短了。最後，收盤再度位於區間中央，表示買家現身於較低的水準。

　　連續兩天，價格都在區間中央收盤，向下推力縮短，看來市場不願意跌得更低，因此，我們預期第c天會有回漲的企圖。假如回漲超過第b天的頂點，而價格接著反轉到第b天低點的下方，我們預期它會繼續走弱。

　　圖4.1，#2：第a天下跌沒有阻力，而收盤位於區間低點，反映出賣家的完全勝利。第b天的狹窄區間更難解讀。這是否意味賣家無法取得太多進展？還是意味著買家做出抵抗，吃下所有賣量？收盤位置給了我們更好的線索。

　　由於收盤位於第b天的低點，並低於第a天的低點，我們推斷賣家依然擁有控制權。假如收盤位於區間高點，推論結果應該會更傾向看漲。第b天的收盤位置使我們暫時預期第c天會繼續走弱，假如第c天幾乎或完全沒有向下跟進、而且價格回漲並高於第b天的高點，那你就很可能獲利更多。

　　圖4.1，#3：第a天象徵著走弱：下跌沒有阻力，同時在區間低點附近收盤。第b天出現小幅的向下跳空，但區間變窄，而第b天的收盤

接近低點，低於前一天的收盤和低點。雖然第 b 天的下跌動能不大，但所有交易都發生於前一天低點的下方，沒有回漲的能力。

此外，這天是在低點收盤，代表賣家依然有控制權，因此我們預期價格會下跌。如果價格反轉到第 a 天收盤的上方（尤其是跌到比第 b 天的低點還低之後），將會發生程度未知的逆轉。這兩天的結構比圖 4.1 的「#1」或「#2」更看跌。

圖 4.1，#4：價格區間比第 a 天更窄，收盤位於區間低點附近。因此第 a 天結束時，賣家似乎擁有控制權。第 b 天價格跌到前一天的低點下方，再反轉到前一天的高點上方收盤。

第 b 天的反轉行動是典型的關鍵反轉，這告訴我們，之前的低點下方沒有進一步的賣出意願。由於缺乏賣壓，因此產生空白，於是買家進場。這次買進大部分應為空頭回補，但位於前一天高點上方的強收盤，表示支撐至少有暫時形成。我們預期第 c 天會向上跟進；假如反轉並收盤於第 b 天低點之下，則是極為看跌的訊號。第 b 天的低點可以當成任何新多頭的停損點。

圖 4.1，#5：第 a 天下跌沒有阻力，而且在區間低點附近收盤。第 b 天有一次回漲高於前一天的高點，但無法撐住，於是價格跌回低點附近收盤，兩天的收盤價格相等。你認為這兩次收盤聚在一起，能反映出強支撐嗎？

因為第 b 天的回漲無法撐住，而且 99％ 的獲利都被收盤抵消，所以我們預期第 c 天會繼續走弱。此處可以看到連續兩天的支撐行動，但收盤位置反映出走弱及無力維持漲勢，所以兩次收盤聚在一起，不應該

被視為強支撐，看起來更像下降趨勢中的暫時支撐。

　　圖4.1，#6：雖然第 a 天下跌沒有阻力，但收盤位置跟低點差很遠，反而跟高點靠得更近。第 b 天則是那種難以捉摸、區間狹窄的長條，價格跟前一天的收盤相比只有毫釐之差。

　　第 a 天的收盤位置表示買進出現於區間中較低的水準，帶有看漲的含意；第 b 天看來完全沒有變動。在威科夫的詞彙中，這種日子叫做「鉸鏈」（hinge），此處可能會發生較大的擺盪。在這兩天的脈絡中，鉸鏈表示價格已經來到正中心，本身並不會反轉方向，但它告訴我們要非常警戒第 c 天，可能會發生決定性的大事。

　　圖4.1，#7：跟前一個例子一樣，第 a 天的下跌沒有阻力，而且在區間高點附近收盤。然而，第 b 天的高點和前一天的收盤之間有一個巨大的缺口。實際的區間很窄，而且價格在低點附近收盤，還低於前一天的低點。

　　雖然第 b 天的實際區間（actual range）很窄，但真實區間（true range，包含跳空的部分）卻很大。此處我們看見第 a 天產生的所有獲利完全被抵消了。這個缺口很可能源自看跌的夜間事件、或一篇開盤前的報導。請注意跳空開盤後，價格幾乎只有微小的變動，這反映出看跌的狀態：買家不願意嘗試發起有利的變動，賣家也不急於獲利。賣壓和沒有買進使價格保持低迷，因此可預期第 c 天會繼續走弱。

　　圖4.1，#8：「#8」的變動跟「#7」剛好相反。可以看見第 a 天下跌沒有阻力，在區間低點附近弱收盤。第 b 天價格向上跳空，回漲到前一天的高點上方；然而，收盤卻位於實際區間的低點，而且比第 a 天的

高點稍低。

第 b 天的真實區間從第 a 天的收盤位置開始,代表有一些意料之外的看漲消息,造成這樣的向上跳空。第 b 天的行動顯然表示看漲,因為它完全抵消了前一天的走弱。除了收盤位置之外,還展現出漲勢,僅次於「#4」的關鍵反轉。你可能會擔心第 b 天的「弱」收盤,但如果考慮到真實區間,這個收盤其實不弱。

圖4.1,#9:第 a 天和第 b 天的區間都很狹窄,而且在各自的低點附近收盤。第 b 天價格在前一天低點的下方開盤,而且整個時段都待在其低點下方。

這兩天的下跌動能都不強,兩條價格條反映出市場正在穩定走弱,買家逐漸撤出,交易量很可能介於低到中之間。沒有失控、混亂和高潮的行動,這兩天的下跌緩慢、穩定、不引人注目(緩慢下滑),只有少數幾次上漲,多半是少量空頭回補,或少數幾個有勇無謀的逢低買進者所造成。我們可以預期第 c 天會繼續走弱。

圖4.1,#10:第 a 天的區間並沒有反映出強烈的下跌動能,而且價格於中央收盤。第 b 天價格反彈,動能稍強,但收盤離當天的高點很遠,低於第 a 天的高點,僅比昨日收盤高一點。

第 a 天在區間中央收盤,而且價差不大,表示有人買進,第 a 天結束時很可能回漲。第 b 天發生了強勁的回漲,但收盤位置顯示有人賣出。第 b 天的收盤標示出這兩天交易的中點。我們可以假設交易很活躍、可能還很波動,但幾乎沒達成向上的進展。賣家似乎還是握有控制權,因此我們可以預期第 c 天會走弱。根據第 c 天的開盤位置,這裡的

資訊或許很快就會符合看漲或看跌（兩者機率相等）的故事。就許多方面來說，「#10」代表最模稜兩可的情況。

　　在圖4.2中，我將上述10個為期兩天的序列，排列成為期20天的下跌。順序還是完全一致。雖然這是假設情境（隨機創造出來的），但它看起來很寫實，具有典型「清楚和模稜兩可混在一起」的特徵。我已經畫出支撐線／壓力線以及一條正常的下降趨勢通道，連接兩個高點和一個居間的低點。這些線條一起框出了價格變動。它們協助述說故事──次要交易區間在哪裡形成，以及跌破在哪裡發生；它們凸顯出假突破／假跌破以及下跌的角度。

　　若用更大的脈絡來看，有些價格條就有了新的意義。長條1b收盤時的價格行為表示之後有可能回漲。正如我們所見，後來的回漲上推到1a的上方，而且價格以看跌的態勢向下反轉。我們認清了長條2b的看跌含意，而且在這裡變得更明顯，因為市場緊靠它的低點，無力回漲。

　　3a的下跌沒有阻力，顯示出賣家已經占上風，而且他們在3b和4a依然占優勢。4b的關鍵反轉暫時阻止了拋售，5a和5b的價格行為描繪出看跌的景象；然而，6a的強勁收盤顯示出買家正在嘗試吸收上頭的賣出，6b的價格來到正中心，而我們等待市場攤牌。一如往常，它既棘手又波動。交易區間底部在7a被穿透，但價格反轉向上。這種彈跳般的行動有看漲的潛力，只要7a的低點有守住即可。

　　沒想到，夜間某些看跌的發展，在7b造成了急遽的向下跳空開盤。這個含意又是非常看跌，而且價格在8a加速下跌。當我們把8b當

圖 4.2 假設的價格變動

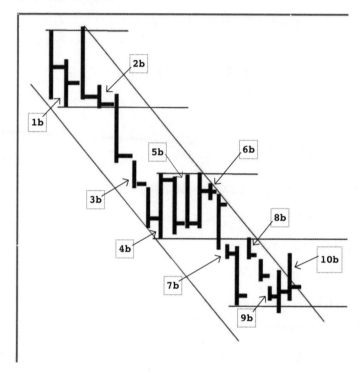

成為期兩天的作業的一部分，這次回漲似乎是看漲的。然而在這張圖表上，我們將 8b 視為「企圖移動到先前支撐線的上方」。8b 的收盤位置則警告我們，這次努力只是徒勞。9a 和 9b 的狹窄區間，反映出變動阻力，而且最近的低點受到次級測試。10a 的抽象形式看似非常模稜兩可，但在這裡看起來就有意義了。價格跌破交易區間的底部，但是下跌進展有限。

假如我們測量 1b、4b、8a 和 10a 下方的向下變動所涵蓋的範圍，

就能明顯看出這次向下推力已經縮短。收盤位置位於區間中央、9b 收盤的上方，表示我們可以預期更多獲利。在最後一天 10b，價格回漲穿過下降趨勢線；然而，它並沒有解決這個情況，因為收盤位於這天區間低點的附近。但價格確實成功超過之前 3 條長條的高點，收盤也稍微高了一點。假如 11a 幾乎沒有向下壓力，價格將會處於跳板上，準備更大幅度的回漲。

　　到目前為止，我們已經提到變動阻力放鬆、彈跳、上推、吸收以及推力縮短，接下來的章節將會持續討論以上表現。但是，我們漏掉了交易量這個成分。為了將交易量的主題納入這次討論，我在價格條下方畫了一張假設的交易量直方圖。由於這些圖表都是手繪的，每天之間的間隔並沒有完全等距。雖然這張圖表的精確度可能不高，但這裡面的行為可以用來補充我們討論過的其他要素。

　　但首先，我先稍微談一下交易量，它能夠測量力道。投資人可以比較「買進或賣出的力道」以及「報酬（價格獲利或損失）」，以決定哪一方占優勢，並辨識即將發生趨勢變化的跡象。按照慣例，交易量解讀會拆解成一組普遍的公式：價格和交易量都上漲＝看漲；價格上漲但交易量下跌＝看跌；價格下跌但交易量上漲＝看跌；價格和交易量下跌＝看漲。

　　但這些公式太過簡化，沒有捕捉到價格／交易量行為的微妙之處，只能當成粗略的指導方針；例如有些情況是交易量減少、價格上漲，因為想對賭強勢上升趨勢的交易人變少了。反之，許多時候是交易量減少、價格下跌，因為買家已經退縮或放棄了。大量的回漲和拋售，可能

表示高潮或是阻止行動；極少量的回漲或拋售通常表示沒力了。許多趨勢都是從交易量突然暴增開始的，因此交易量可當成發動者，推動更大的擺盪。在能量初次爆發之後，交易量通常都會減少。威科夫對於市場力道的描述很具說服力和啟發性：

市場就像慢慢旋轉的輪胎：無論輪胎是繼續往同樣的方向旋轉、靜止不動或反轉，都完全取決於對輪軸和胎面的施力。就算施力結束、沒有東西影響它的路線，輪胎還是保有剛剛被施力後剩下來的動力，它會繼續旋轉，直到靜止或受到其他影響。[1]

交易量最好連同價格區間和收盤位置一起解讀。圖4.3中，2a上的上推和向下反轉所展現出的跌勢，被沉重的賣壓（反映在巨大的交易量）給凸顯出來。3a上的跌破（此處我們看到下跌缺乏阻力以及弱收盤）本身就述說了看跌的故事。價格跌破支撐線時的巨大交易量，表示賣出的力道已經勝過買進的力道。在3b和4a，價格以中等交易量下滑。此處，低交易量（就像弱收盤）表示缺乏需求。4b的巨大交易量增強了關鍵反轉。但交易量無法在5a、5b、6a展現出積極的需求，價格在一個小區間內上上下下。7a的巨大賣出力道不敵買進，而價格回漲。賣家這次努力並沒有報酬，這意味著買家正在占上風。接著看跌的

註1：Rollo Tape（筆名），《盤勢判讀研究》（伯靈頓，佛蒙特州：Fraser，1910年），第13頁。

消息衝擊了 7b 的市場，價格跳空到先前低點的下方。賣出在 8a 達到最高點，但弱收盤仍然警告我們價格會再跌。8b 沒有向下進展，價格向上跳空；然而，它無法突破先前那條畫過 4b 低點的支撐線。先前的支撐線可作為壓力線。但我們不能忽略一個事實：這個上漲日的交易量，是圖 4.3 的所有上漲日中第二大的。

圖 4.3　假設的行為

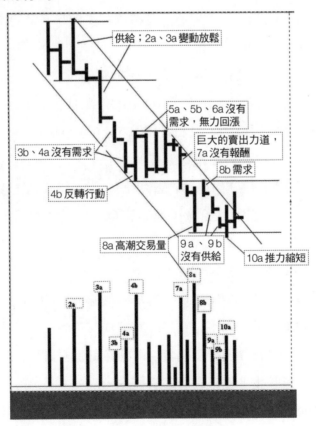

你可以構成一個故事：在 8a 高潮交易量回補之下，買家或許已開始浮現。當市場滿是賣出，買進通常不會被察覺。需求出現於 8b，但不足以突破上頭的壓力線。9a 和 9b 的價格／交易量行為（狹窄區間和低交易量）意味著賣壓正在疲軟（你可能會問：為什麼 9a 和 9b 不像 3b 和 4a 一樣被解讀成看跌？因為後者處於下跌中；前者是重新測試高交易量的低點）。但因為 9a 和 9b 的收盤依然很靠近它們的低點，因此 8a 這樣的洗盤仍可能發生。這在 10a 發生了。10a 的交易量減少值得我們注意，因為自下跌開始以來，這是支撐位被突破時，交易量最低的一次（請將它跟 3a 和 8a 相比）。

10a 的收盤位置接近區間中央，更重要的是它高於 8a 的低點，顯示出賣壓沒力了。某方面來說，10a 上的行動代表了 8a 的次要跳動。在整個向下變動的脈絡中，我們看見 10a 上的推力縮短（SOT，詳見第 124 頁）。10b 上的獲利在收盤時被抵消了一大半。假如這是真實的交易情況，你可以觀察來自 10b 高點的拉回，看看賣壓是否沒力了。如果交易量縮小，就存在著低風險買進的機會。另一個買進策略是做多到 10b 高點上方為止。

現在我們看看 2003 年 S&P 的走勢圖。圖 4.4 秀出 17 天的價格走勢，始於一個上升趨勢期間。什麼行為對價格變動的支配力最大？我不是在說特定的某一天，也不是在說趨勢線或交易量，或是市場產生更大起伏的能力。**什麼行為已經反覆發生，讓這個上升趨勢持續下去？你的潛意識已經知道答案，你只需要理解概念。**

S&P 圖表（圖 4.4）上最看跌的行為是什麼？在整張圖表的脈絡

圖 4.4　S&P 每日走勢圖

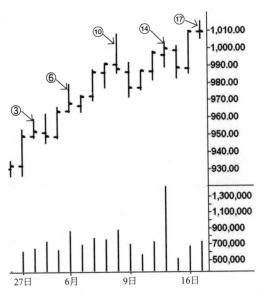

參考來源：TradeStation

中，你怎麼解讀第 16 天和第 17 天的意義？你預估第 18 天會發生什麼事？靠近哪裡的價格水準必須被穿透，才表示賣家正在占上風？假如要在第 12 天做多，你會在哪個地方停損？當我們查看圖表時，就會問自己這些問題。

　　從我的角度來看，圖 4.4 的上升趨勢是由買家維持的，他們有能力一再勝過所有賣出的力道。換句話說，每次賣家有機會壓低價格，他們都錯失機會。圖表上幾乎沒有向下的跟進。第 3 天和第 4 天就說明了這一點，價格區間變窄以及收盤位置，都意味著需求在第 2 天的大漲之後疲軟了。市場很可能遇到多頭的獲利了結。因此，第 3 天警告我們會有

修正。第4天增加了更深的拉回機率。此處，市場回漲到前一天高點的上方，再反轉到前一天低點下方，最後弱勢收盤。優勢似乎已經轉移到賣家手上。但第5天沒有跟進，導致新的買進，因此又重回上升趨勢。第5天和第6天快速上漲之後，交易人再度獲利了結。

請注意第6天的收盤位置，它顯示出市場遇到了賣出。第7天沒有跟進的賣出，因此接下來將會有另一輪買進。接著，我們看到市場在第10天遇到賣出，這反映在收盤位置上。最看跌的行為發生於第11天，前3天的獲利都被抵消了。然而，賣家還是無法利用市場的脆弱來獲利。最後，第14天略為向上的進展和小獲利，警告我們需求可能疲軟了。市場在第15天退卻，但沒有出現持續的賣出，價格在第16天暴漲到新高。

這令我們對第16天和第17天產生疑問，但不是在抽象層面上，而是在整張圖表的脈絡中。第10天和第11天的急遽跌破，就像士兵的傷口，雖不是致命傷，但需要時間痊癒。因此，市場停留或鞏固於一個交易區間內。供需力道之間的平衡在第16天轉變了，在此處，市場上漲沒有阻力、在高點收盤，甚至是在圖表上最高的價格收盤。看漲的訊號再度亮起，牛市占優勢；然而，第17天卻令人擔心：幾乎沒有向上跟進、狹窄的價格區間，以及區間中央的收盤。這警告我們需求可能沒力了。漲到新高點的狹窄價格區間不該被忽視，因為它通常會導致走弱。

第18天（圖4.5），S&P無法超過前一天的高點，還跌到它的低點下方。收盤軟化了看跌訊息，因為它收在區間中央，還稍微變低。但我們必須擔心這個狹窄區間，它意味著一次上推已經發生，反面的主張

則是市場正在經歷吸收。在重新測試之前的壓力水準時，買家必定吸收
了「在第 10 天買進的做多者的清算」、「在較低水準買進的做多者的
獲利了結」，以及「受到高價吸引的新賣空」。因此，我們必須權衡
「潛在的上推」以及「發生吸收的可能性」。任何做多者都應該會將停
損點提高到第 18 天低點的下方。

　　答案在第 19 天（圖 4.6）就變明顯了。開盤時一次短暫的嘗試回漲
後，S&P 就暴跌到過去兩天低點的下方。第 16 天產生的獲利被抵消了
一大半。請注意每日交易量怎麼看起來都一樣，而且幾乎沒有透露買賣
力道的訊息。我們多半必須依賴區間大小和收盤位置來判讀這張圖表。

圖 4.5　S&P 每日走勢圖 2

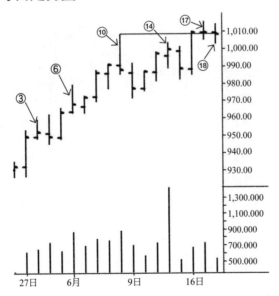

參考來源：TradeStation

　　賣家現在已經占上風，而交易區間上方的突破確實是上推。這裡的教訓很簡單：**當市場漲到之前的高點上方，而且區間變窄時，一定要保持警戒**。有更多價格歷史的話，就可以更輕易確定一個交易區間的解析度。例如，從第 10 天高點到第 11 天低點的跌破，標示出過去 3 個月來最大幅度的連兩天下跌。這個行為變成看跌，在每日走勢圖上特別顯眼。建立於第 18 天下方一個停損點的空頭，將會因為第 17 天高點上方的一個停損點而受到保護。接著，這個停損點應該會降到第 19 天的高點。

　　圖 4.7 秀出接下來 8 個交易時段。第 21 天之後，市場幾乎沒有向下進展。第 23 天的反轉行動看起來頗具威脅性，因為價格在交易區間的

圖 4.6　S&P 每日走勢圖 3

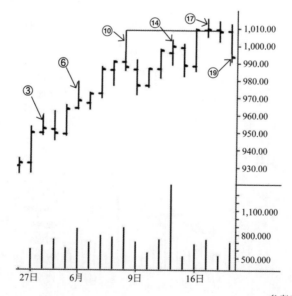

參考來源：TradeStation

下邊界下方收盤。雖然沒有立即的跟進賣出，但市場無法從這個危機點回漲。當價格持續緊靠交易區間的低點，那就很有可能至少發生洗盤，而且好幾次都是急遽下跌（請注意第 24 天到第 26 天，是怎麼維持在第 23 天的區間內）。

　　第 27 天，市場跌到前 6 天低點的下方，再反轉向上進入交易區間。這創造出一次交易區間的潛在彈跳，從第 10 天的高點開始。第 27 天的低點位於「交叉區域」之內——此區域介於第 4 天高點和第 7 天低點（962 那條線附近）之間。需求在第 7 天的上漲出現過，並在第 27 天重新浮現。我們看這張圖表時就像盤勢判讀者，要注意提早發生拉扯

圖 4.7　S&P 每日走勢圖 4

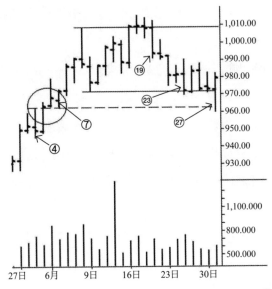

參考來源：TradeStation

的地方，它可能會在回調時提供支撐。

正如圖 4.8 所示，第 27 天的彈跳在兩天後受到測試——交易量減少、收盤價格離低點很遠。需求在第 30 天回歸，從上漲缺乏阻力和強收盤就能看出來。然而在第 31 天，區間變窄，市場接近區間頂部。因為收盤很強勢，看來買家可能正在吸收上頭的供給。接著第 32 天有很輕微的外側向下反轉。市場在第 33 天進一步退卻，但第 34 天沒有向下跟進。這開啟了另一次對於上頭壓力線的測試。第 35 天，價格回漲到第 32 天高點的上方，但退卻了，在這個時段的低點附近收盤。已經遇到供給了，從弱勢價格行為和增加的交易量就能看出來。第 36 天決定了市場的命運。此處，另一次突破壓力線的嘗試以失敗告終，市場收盤位置更接近這天的低點。這增加了市場衰弱的可能性，此後，下跌一路持續到 8 月 5 日，並於第 27 天低點以彈跳結束。從那時起，價格持續上漲了 6 個月。

6 個月上升趨勢的一部分，展示於圖 4.9——道瓊工業平均指數之中。它從 2003 年 11 月 21 日的低點開始——上升趨勢的最陡階段。為了這次研究，我已在價格走勢下方納入一張真實區間直方圖。這並不是為了跟其他日子的讀數相比。正如你所見，每日區間可以像交易量一樣被解讀，很適合用來代表交易量。實際交易量的高低讀數之間並沒有很大的區別。

我記得在 2004 年 1 月 2 日，我注意到一個行為上的變化。這一天，道瓊自 11 月低點以來，第一次出現外側的向下反轉。最明顯的是，它的區間是過去任何下降長條中最大的。我認為這是行為變成看

圖 4.8　S&P 每日走勢圖 5

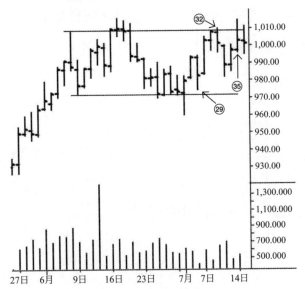

參考來源：TradeStation

跌；然而，隔天卻抵消了所有弱勢。5 天後（1 月 9 日），道瓊拋售，形成另一個寬區間。1 月 13 日，我們看見另一次寬區間的向下反轉。請注意 1 月 9 日和 13 日的下跌，如何測試 1 月 2 日的區間。不過，13 日的收盤位置表示有人買進。

接下來 8 個時段，道瓊回漲了 340 點。這個變動步調比 12 月的上漲更吃力。但 1 月 21 日這次當日大回漲，足足漲了 153 點，是幾個月內最大漲幅。另一次強勢表現則發生於 1 月 26 日。乍看之下，買家似乎完全宰制，但隔天沒有向上跟進，而且在 1 月 28 日，市場受到 2003 年 4 月以來最大的當日拋售影響，洗掉了 1 月 21 日到 26 日之間的所有

獲利。這是很嚴重的行為變化。

　　艾文斯這位最有名的威科夫方法老師，應該會說要在這條長條上放「一團花生醬」（a wad of peanut butter），讓自己最優先記住它（我有個朋友還真的在他的圖表上用粗體字寫了「團」〔wad〕這個字）。但這次賣出很快就減弱了，而價格在一個狹窄區間內撐了 6 個時段。

　　下一次向上擺盪在 2 月 11 日以強勢表現告終，道瓊從低點漲了 174 點，在高點收盤，還創下這年的新高。雖然買家似乎握有控制權，但漲

圖 4.9　道瓊工業平均指數每日走勢圖

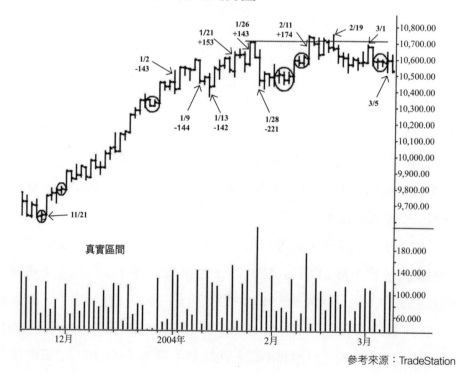

參考來源：TradeStation

勢連續停滯了五個時段。在第 5 天（2 月 19 日），買家將市場推到微小的新高點，再反轉到這天的低點附近收盤。在這個時點，來自 1 月 2 日的所有行為都集中起來，看來我們可以預期出現更大的拋售。3 月 1 日的買進力道，隔天就完全被抵消，價格在前一天的低點附近收盤。3 月 3 日和 4 日，道瓊維持在狹窄的區間內。它們的重要性不容小覷，它們標示出了重點，也就是交易區間的正中心；如果牛市在這裡奪回控制權，市場必定會回漲。表面上，3 月 5 日看起來模稜兩可：價格上上下下，接著在區間中央安定下來，最後在稍高處收盤。

　　誰贏了這次拉扯——買家或賣家？我們要考慮幾件事：上漲的特性在 1 月 13 日和 26 日之間改變了、1 月 28 日的大跌、買家在 2 月 11 日和 3 月 1 日之後失去機會，以及 2 月 19 日的上推。在這個脈絡中，3 月 5 日的優柔寡斷凸顯出市場的脆弱。

　　3 月 8 日星期一，道瓊反轉向下，在前一天的低點附近收盤。股票指數無疑會有更大的衰退。對道瓊而言，這表明了 600 點大跌的開端。道瓊在 3 月 5 日後的脆弱位置，被其他幾個股票指數／平均的行動給強化了。例如，到了 3 月 5 日，道瓊交通平均指數（Dow Transportation Average）經歷了一年內最大的拋售，那斯達克綜合指數也遭受類似的下跌。3 月 5 日，現金 S&P 和羅素 2000 指數（Russell 2000）回漲到它們在這年的最高水準。當它們在 3 月 8 日反轉向下，其上推大聲透露了看跌的訊息。

　　在圖 4.9 的討論中，1 月 2 日、9 日和 28 日的當日拋售，凸顯出行為變成看跌。威科夫在他的盤勢判讀課程中說道：「**當賣出的波形的時**

間和距離開始增加，或是買進的波形縮短，上升趨勢就結束了。」他指的是當日波形圖上的上升趨勢或向上擺盪。從盤勢判讀者的角度來看，下跌這 3 天的價格區間變寬，都可看作同樣的道理。狹窄區間一樣重要，威科夫和他後來的夥伴都承認其重要性。根據其累積和分配模型，狹窄區間扮演了重要的角色，能在加價或減價之前，定義交易區間內的最後轉折點。當然，正如之前的討論所說明，狹窄區間能告訴我們關於阻力大小的訊息——尤其當我們把收盤位置納入考慮因素時。

在托比・克拉貝爾的分析性寫作中，狹窄區間扮演了主要的角色；克拉貝爾是傳奇交易人兼分析師，他出版了一本書談論自己對於市場本質的發現，後來居然試圖從出版社那裡買回所有成書。結果有少數幾本成了漏網之魚，很快就成為稀有書籍。克拉貝爾在其著作《利用短期價格模式和開盤區間突破的當日沖銷》（*Day Trading with Short Term Price Patterns and Opening Range Breakout*）中，提到亞瑟・梅里爾（Arthur Merrill）的作品是靈感來源之一。但他自己也徹底理解了威科夫的「最後供給點」和「最後支撐點」概念，並將它們當成特定狹窄區間形態的來源。克拉貝爾以量化分析師的角度來接觸威科夫，他組合幾個區間狹窄的日子，以買進或賣出的開盤區間突破為基礎，測試當日沖銷的結果。他在一段特別重要的段落中寫道：

　　我應該澄清一件事：雖然這些測試是用粗略的系統格式呈現，但我不建議真的這樣交易它們。我所有研究的目的都是確定市場的本質，而這個市場概念就是幫助我達成這個目的。當我應用 2Bar NR（narrow range，狹窄區間）的時候（或任何市場概念），必須考慮市場的整體脈絡。我將市場脈絡定義為趨勢、價格行為、價格模式研究以及支撐／壓力的融合。其中最重要的是趨勢，它凌駕其他所有市場脈絡的項目。[2]

　　2Bar NR 代表過去 20 個市場時段當中，最狹窄的連續兩日區間（跟其他兩日區間相比）。它代表了所謂的「緊縮／擴張原則」，這解釋了市場如何在活動期跟休息期之間交替。這個 2Bar NR 的概念，指定的是相對大小而不是具體大小，因為無論市場狀況是波動或平淡都適用此概念。在圖 4.9 中，一次 2Bar NR 發生於 3 月 3 日～4 日。在 3 月 5 日開盤之前，我們知道市場處於必須回漲的位置。3 月 5 日的上漲無法維持，讓我們更加理解市場的脆弱。我還圈出其他兩個 2Bar NR 的例子。2 月 9 日～10 日的行動，確實產生了為期一天的看漲回應。克拉貝爾量化了其他幾個狹窄的價格結構。有個值得注意的形態——「3Bar NR」，其定義為「過去 20 個市場日以內，最窄的 3 日價格區間」。關於這個形態，他做出一些有見地的評論：

　　這類形態（3Bar NR）的心理暗示很有趣。一般來說，當這個形態正在形成時，投機者都不在場。事實上，他們很容易忽略緊縮到這種程

註 2：托比‧克拉貝爾，《利用短期價格模式和開盤區間突破的當日沖銷》（格林維爾，南卡羅來納州，Traders Press，1990 年），第 164 頁。

度的市場。這個時點的市場最蓄勢待發,並呈現爆炸性的機會。諷刺的
是,幾乎沒人一開始就對出於這種形態的變動產生興趣。唯有訓練有素
的交易人能認出這些機會,並且準備好迎接那股推動市場趨勢的力道。
我建議大家要非常仔細觀察這些形態,因為它們之所以會形成,就是為
了預期接下來的行動。針對於這個形態的量化,再度讓你能夠做到這件
事。這些測試展現出幾件事:一、市場有一個市場傾向,就是在這個形
態形成後的隔天當日產生趨勢;二、市場的總體趨勢,會影響這個形態
是否能夠在形成之後,持續趨勢 2 到 5 天。這跟 2Bar NR 不同;無論趨勢
為何,2Bar NR 都顯示趨勢是朝著突破的方向前進。[3]

在圖 4.9 上,一個 3Bar NR 形成於 2 月 3 日~5 日期間。這狹窄
的 3 天是在 2 月 2 日的區間內形成的。由於克拉貝爾發現價內交易日
(inside day,又稱母子線)是「趨勢行動的前兆」,因此這個特定的
3Bar NR 具有更大的潛力,而回漲 250 點的結果證實了這件事。

威科夫將這種價格緊縮稱為鉸鏈。實際的鉸鏈能讓門擺動,而威
科夫口中的鉸鏈,是價格擺盪的前兆。每週或每月圖表上的鉸鏈,通常
會導致許多最大的擺盪。克拉貝爾測試了另一個狹窄區間形態,叫做
NR4。當某一天的每日區間比前 3 天的每日區間更窄,就會構成 NR4。
當 NR4 發生的同時也是價內交易日(ID/NR4),他也觀察到了有利的

註 3:同上,第 177 頁。

測試結果,不過這個形態似乎沒有 NR4 那麼頻繁。

　　一個 ID/NR4 發生於 12 月 24 日,但假日的交易狀況稀釋了它的影響力。11 月 21 日和 28 日是典型的 NR4。11 月 21 日的次要彈跳和收盤位置,讓 NR4 的故事更有說服力。正如我們所見,威科夫的方法融合了價格區間、收盤位置、交易量,以及與支撐線、壓力線、趨勢線的活動,以解釋圖表上發生的事情。然而,克拉貝爾聚焦於一個結構,它將會產生一個趨勢日(trend day),使當日沖銷成功、或是擺盪 2 到 5 天。這種結構通常會替更直覺的威科夫方法增加即時性。

　　克拉貝爾努力擬定具體的當日沖銷規則。威科夫判讀買家和賣家之間的拉扯,沒有不能變通的規則。例如 2 月 12 日和 18 日中間 4 天,都維持在 11 日的區間內。2 月 12 日是唯一的 ID/NR4,但它沒有產生趨勢日。這 4 個價內交易日充分證明了熊市。這次緊縮表示市場並沒有退卻,買家正在試著吸收上頭的供給,我們要觀察下一次向上變動的特性,而隔天的差勁表現讓故事變成看跌。我喜歡這樣子結合克拉貝爾的研究和威科夫的方法。

　　腦中有了這些思維之後,我們來看看處於上升趨勢之中的美國鋼鐵公司(圖 4.10)。2003 年 10 月底,這支股票躍過了位於 22 的主要壓力線。當需求勝過供給(D/S),價格區間就會變寬、而且交易量會增加。向上進展在 24 上方慢下來。11 月 5 日(點 1),反轉行動警告我們會有修正。兩天後(點 2),這支股票試圖測試高點;然而區間比前 6 天都還窄(NR7),而且價格在中間收盤,沒有改變。隔天的跌破預示了進一步的走弱。最後 4 天的下跌中,價格區間變窄、交易量緊縮——

這是測試跌破的理想行為。多頭部位應該建立於隔天的開盤，其停損點剛好在 20.95 下方——長條的低點，此處需求勝過供給。最後 3 天也符合 3Bar NR 的定義。這裡我們已經抵達了一個時點，兩種交易方法都需要採取行動。價格／交易量行為給了我們理想的拉回以測試跌破（請參照圖 1.1「交易哪裡找」），而 3Bar NR 表示要做多（做空）到開盤區間上方（下方）特定幾個點。基於潛在的看漲趨勢，大家會比較偏好多頭部位。

　　正如你在圖 4.11 看到的，美國鋼鐵公司在連續 6 個時段產生更高的高點、低點和收盤。第 6 天（12 月 1 日），區間擴張到 1.64 點，為 10

圖 4.10　美國鋼鐵公司每日走勢圖

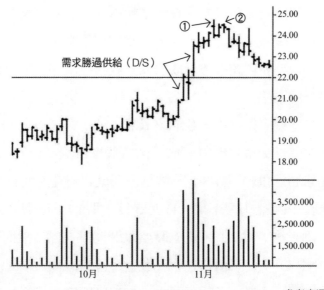

參考來源：TradeStation

月 30 日（真實區間等於 1.97 點）以來最大。這次上漲動能發生於 11 月高點上方的突破。這次向上變動接下來停滯了 3 個時段，因為做多者獲利了結。正常來說你會預期這支股票拉回並測試突破。然而這次修正很淺，所以沒人有機會在走弱時以便宜價格買進更多；這證實了潛在的趨勢力道。

正如前面所說，克拉貝爾將價內交易日視為「趨勢行動的前兆」。有人可能以為這 3 天是 3Bar NR，但是過去 20 天以內，還有另外 3 天的區間更窄（位於 11 月低點）。又一次，由於區間很淺、而且收盤位置聚集在一起，所以進一步向上進展的機率較大。乍看之下，第 3 天很令人失望。此處這支股票回漲到前 4 個時段高點的上方，再反轉到區間低點附近收盤，沒有改變。在許多方面，這看起來就像道瓊在 2 月 19 日的行為（圖 4.9）。但那個例子中的累積行為表明未來會衰退，美國鋼鐵公司卻不是如此。

在關於隔天表現的機率鐘形曲線內，第 3 天警告我們會有潛在的上推。但這支股票隔天（12 月 8 日）反而向上跳空——幾乎高於點 3 這個高點，再以變寬的價差快速上漲（1.99 點的真實區間），最後強勢收盤。這種強勢的跳空開盤，算是機率的極端值。但有警戒心的交易人必定會立刻對這種情況做出反應。由於這支股票快速漲到前一天高點的上方，積極的交易人應該會買進更多股份，並且在前一天收盤位置正下方設置停損。這樣不保證會成功，但一連串的行為讓人看好上升趨勢會持續下去。

雖然我沒用統計研究過這種看漲的起飛，但我的經驗告訴我，這

種情況多半發生於上升趨勢。雖然第 3 天的行動表示可能會發生上推，但在上升趨勢中上推失敗也是稀鬆平常的事情，就像下降趨勢也充滿失敗的彈跳。這個我們之後再詳談。

圖 4.11　美國鋼鐵公司每日走勢圖 2

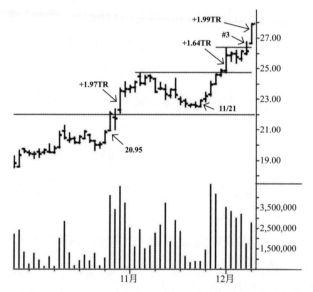

參考來源：TradeStation

圖 4.12 可以看到緊縮／擴張原則的作用。12 月 8 日之後，這支股票在一個狹窄區間內維持了兩天。其中第二天的價格維持第一天之內。不過，跟先前下降長條（自從 11 月低點以來）的交易量相比，這裡的下跌交易量是大。這表示需求是存在的，因為巨大的賣出力道並沒有造成向下進展。

　　最後，請注意這兩天的價格是怎麼維持在 12 月 8 日高點的上方。
我們再度看到淺修正把買家鎖在外面。趨勢繼續維持（12 月 11 日），
變寬的價格區間等於 1.97 點。此處，交易量膨脹到 4 月以來的最高水
準，這可能表示會出現高潮行動或是更陡上漲的開端。我們知道這支股
票已經到達上升通道內的超買點。12 月 12 日（點 4），交易量膨脹到
更高的水準。這兩天加起來的交易量可能意味著買進的高潮。低於這兩
天低點（28.11）的拋售可能會威脅到上升趨勢，所以多頭部位的停損點
提高到 28.09。

圖 4.12　美國鋼鐵公司每日走勢圖 3

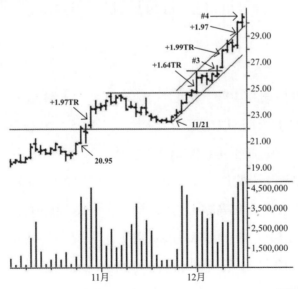

參考來源：TradeStation

圖 4.13　美國鋼鐵公司每日走勢圖 4

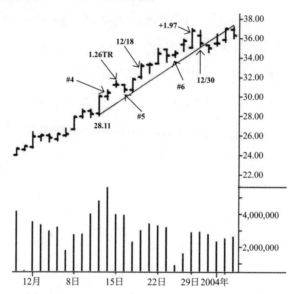

參考來源：TradeStation

　　美國鋼鐵公司在 12 月 15 日（圖 4.13）向上跳空，真實區間等於 1.26 點，是 11 月 21 日以來第四大。隔天（點 5），這支股票的收盤下跌了 55 美分，是這次上漲以來最大的損失。難以置信的是，這也是這支股票第一次在前一天的低點下方收盤。不過在 12 月 17 日，這支股票反轉向上，在過去兩天的高點上方收盤。12 月 18 日的強勢表現之後，停損點可以在 30.51（前一個時段的低點）下方提高幾美分。一條更陡的向上通道畫過 12 月 11 日（28.11）和 12 月 17 日的低點。上升趨勢進展時，我們注意到 12 月 23 日和 24 日（點 6）這兩個價內交易日。後者是 NR7，而這支股票維持在 12 月 18 日高點的上方。假日交易狀況解釋了

隔天的低交易量。12 月 29 日，這支股票有另一個 1.97 點的區間，並到達上升通道的頂部。接著它橫向變動了 5 個時段，並維持在之前高點的上方。五天當中有兩天警告我們會有更大的修正。

　　首先是 12 月 30 日的價格行為。這顯然是 11 月 21 日以來最看跌的行為變化。在此處，這支股票創下它最大的當日跌幅與最大的損失——全都發生在同一個價內交易日。請比較這天的價格行為以及 2004 年 1 月 2 日的道瓊（圖 4.9）。第二，這張圖表的最後一天稍微產生了新的高點，但未能維持其獲利，因此創造出一次潛在的上推。這些是次要的行為變化，只是表示可能會發生修正而已；波段交易人將會獲利了結，但部位交易人將會停在 30.51，結果就是拋售，9 個時段之後來到 33.19 的谷底。

　　這次較大的向上變動在 2004 年 3 月（我們的研究結束後兩個月）達到 40.15 的高峰。2000 年 11 月和 2003 年 3 月之間，美國鋼鐵公司形成了巨大的基底。根據這個基底製作的點數圖，推算最大漲幅會到達 43。

　　學到本書已呈現的長條圖判讀相關資訊後，請看看 2012 年 10 月糖期貨（圖 4.14）的價格上漲，並盡量多做一些**關於線條和價格／交易量行為的觀察，它們詳細解釋了什麼事情已經發生，並替市場的未來方向建立扎實的論點**。從 6 月 2 日的起飛開始，我每隔 5 天就編號一次，當成參考點，圖表上最後一天是 34 號。想像你在第 34 天收盤後檢視這張圖表，而你一開始先用水平線和斜線框出價格變動。以下是我的筆記：

圖 4.14　2012 年 10 月糖期貨每日走勢圖

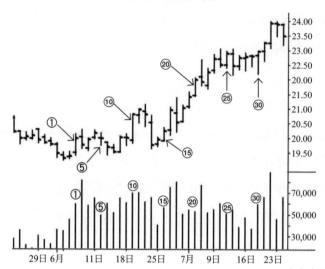

參考來源：TradeStation

1. 水平線畫過第 2 天（20.29）、第 12 天（21.14）、第 24 天
（23.05）和第 32 天（23.99）的高點。它們描繪出連續上升波動的推力
縮短。較小的水平線畫過第 3 天和第 26 天的低點。一次彈跳出現於第 3
天下方的小拋售。

2. 反轉趨勢線是最能準確指出高點的線；它畫過第 2 天和第 21 天
的高點。

3. 一條平行線畫過第 8 天低點，創造出一條反轉趨勢通道。請注
意，第 30 天的低點位在這條線上。

4. 第 2 條平行線可以畫過第 14 天的低點。

5. 正如我們在圖 4.4 看到的，上升趨勢是持續的，因為有威脅性的

價格條未能產生更大的走弱。換言之，就是沒有向下的跟進。有威脅性的價格行為發生於第 2、13、17、21、24 和 26 天。除了第 26 天之外，這些下跌日每個都伴隨著巨大的交易量。除了第 2 天之外，它們的區間都很寬。

6. 第 32 天的交易量顯然最大，其區間是上漲日當中第三大的，表示未來會有高潮行為。

7. 放在一起看的話，從第 30 天底部到第 32 天高點的變動，是圖表上最陡的連續 3 日上漲（179 點），因此更加凸顯出這次高潮行動。

8. 第 33 天，市場試圖向下反轉，但價格回漲，在高點附近收盤，而且只稍微低了一點。第 33 天之後沒有向上跟進，讓局勢更加看跌。

在這個時點，你應該已經理解是什麼因素延長了從 6 月低點開始的上漲，並認清市場在第 34 天收盤時的脆弱性。接下來 8 個時段展示於圖 4.15。

第 35 天的狹窄區間肯定給了買家另一次機會、讓價格上漲，因為市場維持在第 24 天上方。我們不知道市場隔天會出現最大的下降長條，但這件事確實發生了。第 36 天的行為顯然變成看跌，從其真實區間、高交易量和弱收盤能看出來，這增加了更大向下變動的機率。

然而，在接下來 3 個時段，糖期貨維持在那條畫過第 26 天低點的線條上方。一次外側的向下反轉發生於第 39 天，但收盤位置減輕了那個時段的看跌訊息。第 40 天，價格下滑到支撐線下方，但回漲到高點附近收盤，而且只低了 0.08 點。此處我們看見一次潛在的彈跳，而且

再度無法排除另一次企圖回漲。第 41 天是致命一擊：沒有向上跟進，
收盤低於前一天的低點。

在這個時點，我們幾乎確定價格會下跌。這次跌價應是認真的。
結果反而是區間變窄、交易量減少，這張合約的收盤只比最後一天低
了 4 個跳動點（tick）。想像一下你在第 34 天或第 41 天做空，你認為
最後一天的行動抵消了之前看跌行為的優勢嗎？它保證會清掉空頭部位
嗎？在交易演變的時刻，我們必須願意讓自己暴露於未知情況，我稱之
為「找出費用」（finding out expense）。從第 42 天收盤開始，10 月的

圖 4.15　2012 年 10 月糖期貨每日走勢圖 2

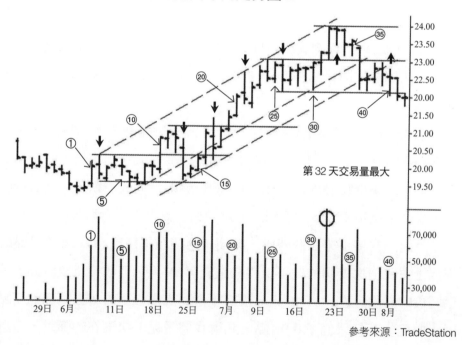

參考來源：TradeStation

糖期貨在接下來 9 個時段跌了 183 點；這次下跌中，每天都有更低的高點、低點和收盤，每次收盤都比前一天的低點更低。

　　這個章節呈現的例子，應該能使你做足準備，更輕鬆愜意地判讀任何長條圖（從當日到每月）。你不必分析一堆指標或演算法，就能夠聆聽任何市場透露的訊息。如此強大的知識，來自於反覆觀察線條和價格／交易量行為。

第五章

彈跳

Springs

　　我在研討會或交易人訓練營演講的時候，會用以下聲明來介紹彈跳和上推：**你可以靠彈跳和上推交易來謀生**。一旦你適應了彈跳（和上推）的行為，你的眼界將會大開，看到適用於任何時期的行動跡象。彈跳能夠推動短期上漲、讓當沖交易人有操作空間，也能當成長期資本利得的催化劑。

　　對我而言，彈跳的定義是交易區間或支撐位被洗盤（穿透），但投資人未能跟進，因此導致向上反轉。交易區間的持續時間不必符合指定的數量。我的觀點來自於多年追蹤當日價格變動，例如為期 4 天的債券數據，代表一張 5 分鐘圖表上的 320 條價格條（僅限日間時段）；由 320 條價格條構成的支撐位或交易區間洗盤，突然間看起來像是值得交易的狀況；5 分鐘或每月圖表上的彈跳所創造的潛在獲利，算是一種包含潛在趨勢、市場波動、以及點數準備的作用。

　　最後一則聲明指出了 3 個關於彈跳的重要觀念。第一，**當市場跌破定義清楚的支撐線、但未能跟進時，我將它視為位於「潛在彈跳位置」**。換句話說，因為沒有跟進，所以向上反轉或彈跳的機率提高了。這不保證一定會有彈跳。正如我們即將看到的，價格／交易量行為及圍繞彈跳狀況的更廣泛脈絡，能夠協助確定它的機率和重要性。第二，**上升趨勢中的彈跳，有較高的成功機率**。相反的，假如下降趨勢中的潛在彈跳未能發展下去，賣空者就會得到實用的交易資訊。第三，**市場的波動通常會決定彈跳向上反轉的大小**。準備的數量，也就是交易區間的大小，也可能決定彈跳所產生的向上變動的大小；「準備」的意思是點數圖上的擁擠程度，可以用來推算價格。

　　雖然威科夫沒有寫及彈跳本身，但他討論了市場怎麼測試和重新測試支撐位。這些測試讓大型操作者有機會判斷，在明確支撐位周圍有多少需求量。他們策劃的拋售讓價格低於這種支撐位，而這是一個終極測試：假如這種跌破未能以新的賣出產生攻勢，大型操作者就會認出這個供給的空白處並積極買進，因而產生快速的反轉行動。低於支撐位的下跌，通常會受到停損賣出的援助。

　　韓佛瑞・尼爾在其著作《盤勢判讀與市場戰術》中寫道：「**市場是由買賣順序組成的蜂巢。**」[1]有人會停損賣出以抵消多頭部位，但另一部分的人可能會在走弱時進場做空，因為他們預期會有更大的下跌。市場如果對於看跌的損益報告或經濟數據產生反應，它的變動通常會觸發這種停損賣出。

　　當價格跌到支撐位下方，就像是目睹一場拳擊賽。假如一名拳擊手把對手打飛到擂臺外第 5 排座位，對手就不太可能站回擂臺上、重振精神再接再厲。跌破使天平傾斜，有利於賣家，他們應該會利用他們的優勢。若這件事沒發生，你就可以做多，然後在低於這次跌破的低點停損。這是在危險點買進時風險最小的做法；然而，這不表示我們每次跌破都要自動買進，並希望能夠反轉，畢竟，我們不會蹲在疾馳的火車前面撿零錢。

註 1：韓佛瑞・尼爾，《盤勢判讀與市場戰術》（伯靈頓，佛蒙特州：Fraser Publishing，1970 年），
　　　第 188 頁。

由於交易區間下方的下跌提高了彈跳的可能性，你可能想知道拋售要多大才符合彈跳的定義。可惜的是，彈跳沒有精確的規則，但指導方針可能有幫助——彈跳看起來應是「相對來說較小的穿透」。這種術語本身沒有太多意義，因為意義來自於經驗，就像我們目測一塊板子，估計它大概 1 英尺一樣。

我們在第三章討論了 QQQ 圖表上（圖 3.9）的一次大跌破（2000年 4 月 4 日）。此圖的這個部分在圖 5.1 放大，它結束於 4 月 4 日的價格行為。此處，3 月 10 日和 16 日之間原本的交易區間橫跨了 15.44點。4 月 4 日的拋售落在 101.00 下方 12.69 點，也就是交易區間的

圖 5.1　QQQ 每日走勢圖

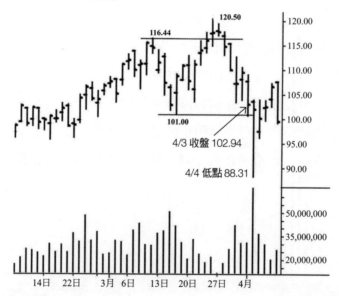

參考來源：TradeStation

116

82％。假如我們只考慮這次跌破的大小，就會排除彈跳的可能性，即
便這支股票回漲到 3 月 16 日低點上方收盤亦然。在 4 月 4 日低點，這
支股票已經從前一天的收盤跌了 14％，比交易區間低點還低 12.5％。
這次巨大的拋售預示了未來會走弱得更嚴重。正如之前提到的，4 月 4
日的交易量和價格區間，都在當時創下紀錄。

　　幾週後，QQQ 穩定下來，一個交易區間發展於 78 和 94.25 之間
（圖 5.2）。這次彈跳始於 5 月 22 日，這支股票跌破 78 再反轉向上。

圖 5.2　QQQ 每日走勢圖 2

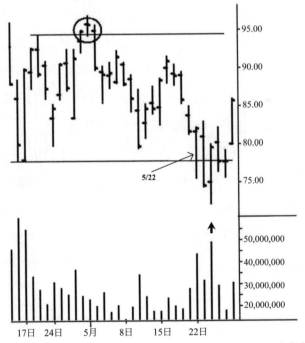

參考來源：TradeStation

117

在這個時點，買家似乎勝過了大量賣出；然而，買進在 5 月 23 日消失，而價格反轉向下，收盤低於交易區間且鄰近這天低點——拳擊手突然被狠狠揍飛到擂臺外的第 5 排座位，他應該站不起來了。

不過，在 5 月 24 日，這支股票再度反轉向上，在交易區間的下邊界上方強勢收盤。巨大的交易量以及強勢的收盤，表示買進的力道勝過賣出的力道。這次下跌的最低點低於 78，價格跌了 7%。在 4 月 4 日（圖 5.1），你可能會主張買家勝過賣家，但這次跌破的大小遠遠超過了基準——這對買家來說是得不償失的勝利。

並非所有彈跳都發生於交易量巨大的情況下。有些情況是價格跌到新低，但交易量沒有急遽擴張，於是價格就反轉向上。有個例子出現在可可豆每日走勢圖（圖 5.3）的 2004 年 4 月和 7 月之間。5 月 18 日，可可豆跌破 4 月 21 日的低點（2196），來到 2170。價格在 5 月 18 日反轉向上，在 2196 上方收盤。支撐線不費吹灰之力就被穿透，所以未能吸引新賣家湧入，於是，就發展出一次彈跳。

這個情況對我來說仍記憶猶新。我在 5 月 18 日並沒有做多，而且 5 月 19 日沒有加速，所以我繼續觀望。5 月 20 日，開盤向上跳空到前一天高點的上方之後，我立刻就做多，而且停損點沒變。這次跳躍高於前一天的高點，排除了任何關於市場方向的疑慮。這次加速導致 175 點的回漲，但趨勢沒有持續下去。價格回漲到 5 月的高點之後，又回到交易區間的底部。

市場嘗試起飛好幾次，卻無力回漲到遠離危險點，所以另一次跌破的機率就增加了。請注意，快速上漲時的收盤多半都很弱，因為賣家

圖 5.3　可可豆每日走勢圖

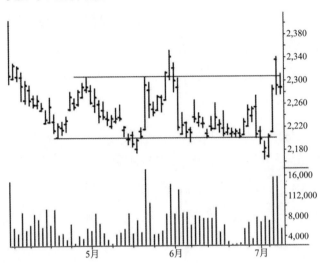

參考來源：TradeStation

會一直阻撓回漲。來自 7 月低點的彈跳，導致 450 點的回漲，但你想要
交易成功的話，就必須快點買進。

　　許多彈跳能促成又快又能獲利的交易，卻不會觸發更大的變動。
它們能提供很棒的行動跡象，預測 1 到 10 天的擺盪。圖 5.3 秀出了 7
月 2 日的第二次彈跳，價格跌到 2158，交易量沒有增加很多。由於這
次下跌穿透了之前的低點（幅度為 1 點），我們可以說這裡發生了次要
的彈跳，這是在測試上次彈跳。這種行為並不反常，而且有時候第二次
彈跳時的穿透更大。時間會證明第二次彈跳是否會啟動持續的上漲；然
而，因為賣家再度失去優勢，所以發生更大上漲的機率比較大。

　　這張圖表上的兩次跌破，都跌到比交易區間低了幾個百分點。你

可能會推測，低交易量（反映出沒有賣壓）促成了這種小穿透。但有時候，小跌破會發生於彈跳之前交易量很大的時候。若發生這種情況，我們應該多加留意，以免花很大力氣、報酬卻很少：這表示有人正在買下所有供給——尤其是價格的收盤位置跟低點差很遠時；弱收盤會令人懷疑這種結果。

2004年3月10日，開拓重工（Caterpillar，圖5.4）跌到比2月低點還低1.38點（3.6%）。此處我們可觀察到下跌沒有阻力、弱收盤以及交易量大增。這天結束時，賣家已獲得控制權；然而，3月11日發生了行為變化——每日區間的大小只有前一天的一半，但交易量依然相同。收盤時，這隻股票微跌了0.18美元。我們要小心花很大的力氣但報酬很少。巨大的交易量和稍微向下的進展等於在告訴我們，有人在更低的水準買進，這些現象警告我們，可能會發生彈跳。

3月12日星期五，這支股票回漲並在前一天的高點上方收盤，增加了彈跳的機率。3月15日這個區間狹窄的價內交易日，並沒有反映出積極的賣出，這是典型的對於彈跳的次級測試。基於這個極小的證據，積極的交易人可能會在隔天的開盤建立多頭部位，並在低於36.26時停損。許多彈跳（尤其是那些發生於交易量很大的跌破時的彈跳）都被重新測試。

這次彈跳測試提供了絕佳的做多機會，因為它代表更高的支撐。理想狀況下，每日區間應該會變窄，而且交易量在彈跳的次級測試時會逐漸變少。不過，任何人都不該指望事情正中下懷。

在開拓重工的圖表上，另一個次級測試發生於3月22日。此處，

圖 5.4 開拓重工每日走勢圖

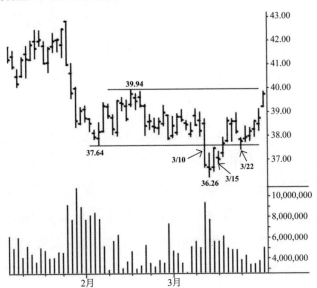

參考來源：TradeStation

這支股票跌到 2 月的支撐線下方，但後來回漲到它上方收盤；交易量減少到 3 月 10 日跌破以來的最低讀數。在 QQQ 圖表上（圖 5.2），5 月 26 日星期五的次級測試看起來很典型——收盤位於區間中央，比前一天的收盤略高，而且交易量明顯下降；你應該會在隔天開盤時做多，並將停損點設在 5 月 26 日的低點。QQQ 和開拓重工的圖表上發生次級測試之後，價格分別漲了 22 美元和 4 美元。這兩次彈跳都不是發生於大跌時的底部，QQQ 的彈跳發生在更大的頂部結構的範圍內，而開拓重工的彈跳則是在尚未解體的頂部結構中間發展出來。請記住圖 1.1「交易哪裡找」的模型。正如我之前所說，許多交易發生於交易區間邊緣附

近，有些會導致長期的變動，有些則很短命。

　　當初期的跌破發生於交易量巨大的時候，就存在著次級測試的傾向。彈跳如果緊接在低交易量的跌破之後（就像可可豆圖表上那兩次），就比較不常被測試。但關於彈跳和次級測試，我們發現了大量模稜兩可之處。現在來看看 IBM 的走勢圖（圖 5.5）。

　　2003 年 8 月 6 日，這支股票穿透兩個月交易區間的底部，再反轉到比這天低點高很多的位置收盤，收盤價格也等於交易區間底部，因此這次試圖跌破是以失敗作收。這次短暫的洗盤並沒有伴隨交易量的增加，價格回漲到交易區間內，接著維持在 8 月 11 日和 14 日之間的狹窄區間內。此處，從這 4 天的收盤位置可以看出來，這支股票顯然不願意下跌。這種行為代表這次彈跳的次級測試，價格維持在更高的水準，而不是回頭更靠近實際的低點。這次次級測試期間的維持行動，圍繞在 8 月 11 日的高點附近。這支股票在這個次要壓力水準上方收盤沒多久，價格立刻就朝著下降趨勢線回漲，然後在 85 附近遇到壓力線。

　　8 月 22 日星期五的漲勢和弱收盤，表示這支股票會再度拋售。請注意其在 8 月 11 日高點上方再度找到支撐。8 月 26 日和 29 日之間（參見圈起來的區域），4 個收盤位置聚在 50 美分的區間內。除了 8 月 27 日狹窄區間這個例外，其他所有收盤位置都靠近當天高點，表示有人在較低的點位買進。8 月 29 日這個區間狹窄的價內交易日，反映出完全沒有賣壓。請注意從 5 月高點開始的價格擺盪是怎麼穩定緊縮的，最小的價格變動發生於來自 8 月 22 日高點的下跌。這支股票準備要回漲了，威科夫稱之為「跳板」（springboard），你可以稱其為另一次彈跳測試或

跳板；畢竟，**訊息來自價格／交易量行為，而不是來自術語。你只需要
知道怎麼判讀3個基本要素——價格區間、收盤位置、交易量，並且在
線條和更大時間範圍的脈絡中觀察它們。**

圖 5.5　IBM 每日走勢圖

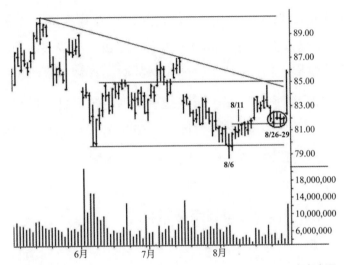

參考來源：TradeStation

　　「更大時間範圍」這個主題，讓我想到聯合太平洋鐵路（Union
Pacific，圖 5.6），有一次看似次要的彈跳發生於 2000 年 3 月。這張
每日圖表展示了為期 10 個月的下跌，價格維持在定義清楚的下降通道
內，反覆在通道需求線附近找到支撐，而且每個重要的支撐位，在之後
的回漲都成了壓力線。

　　我已經納入了這些支撐位的低價格，因為它們揭露了類似於彈跳

的行為。假如我們測量 5 月到 2 月的向下進展，我們會看到一連串低點，分別相隔了 4.66 點、3.97 點和 1.56 點。這支股票最後一次下跌的時候賠了 81 美分。威科夫將這種行為稱為「推力縮短」（shortening of the thrust，在圖表上，我通常用縮寫 SOT 稱呼這種行為；它也會發生於向上變動時）。

推力縮短反映出失去動力，每當交易量在每次向下變動的低點變多、而且向下進展減小時，請密切注意；這表示花費很多力氣卻沒得到什麼報酬，因為需求出現於更低的水準。假如交易量減少、向下推力縮短，我們就知道賣家疲軟了。這些觀察也適用於彈跳。巨大的交易量穿透支撐線，但只有微小的向下進展，這反映出這次努力的報酬很少；如果是低交易量穿透支撐線，而且沒什麼向下進展，表示供給沒力了。

圖 5.6　聯合太平洋鐵路每日走勢圖

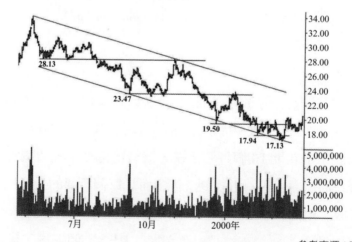

參考來源：TradeStation

　　關於聯合太平洋鐵路圖表上的行為，我們可以說，從1999年5月低點開始的整個下跌脈絡之內，2000年3月代表了向下推力縮短。從2000年2月低點（17.94）開始的交易區間脈絡之內，來到3月低點的81美分跌幅，可視為彈跳。在第三章，我們觀察過斯倫貝謝每日走勢圖上（圖3.12）的一個尖端和彈跳。在它的每週走勢圖上（圖3.13），來到1998年12月低點的拋售，出現了向下推力縮短。**彈跳、上推以及推力縮短的概念，背後的主要概念都是缺乏跟進。**它直搗這個主題的核心。

　　在進一步觀察更大的脈絡之前，彈跳的細節值得我們注意。我放大了聯合太平洋鐵路從2月低點（17.94）開始的交易區間（圖5.7）。3月13日，這支股票跌至17.13，稍微低於下降通道的需求線，因此創造出次要的超賣狀態。這天的價差變窄、低交易量以及收盤位置，表示

圖 5.7　聯合太平洋鐵路每日走勢圖（放大）

參考來源：TradeStation

賣壓至少暫時沒力了。3 月 14 日，這支股票維持在更窄的區間，並且在稍微高一點的位置收盤，顯然它不願意回到前一天的低點。

位於下降通道內超賣位置的向下推力縮短，意味著可能會發生彈跳；而彈跳發生於 3 月 15 日到 16 日，寬價格區間反映出上漲沒有阻力。所有來自 3 月高點的賣出，在兩天內被抵消，低交易量的猛力拉回，進入了垂直起飛區間的中間，這就是次級彈跳測試，而這個次級測試時也發生了次要彈跳。

在聯合太平洋鐵路每月走勢圖上（圖 5.8），我們看到這支股票在 23 和 18.50 之間又「猶豫不決」了 5 個月，後來趨勢才反轉向上。但這張圖表也揭露了一件關於 2000 年 3 月次要彈跳的重要事實：3 月的向下變動洗掉了 1998 年 8 月的低點，產生一次程度大很多的彈跳。因此，2000 年 4 月和 9 月之間的 6 個月交易區間，是對於這次較大彈跳的次級測試。

請注意價格區間在 2000 年 9 月變窄，是 5 年內最小的區間。這表示賣壓沒力了，這支股票站在跳板上，準備要出現大很多的向上變動。我們也應該注意價格緊縮，因為當它出現在每月圖表上時，就特別有意義，這個觀察最為重要。

每月圖表的讀法跟每日圖表一樣，強調區間、收盤位置和交易量。利用日本指數型基金每月走勢圖（圖 5.9），可以看得最清楚。在下跌兩年之後，EWJ 在 2002 年 2 月找到支撐（點 1）。最初的回漲在之前的一個跌破點遇到壓力線，接著價格跌了 5 個月，來到 10 月的低點（點 2），支撐線被穿透，交易量暴增到 4,800 萬股。儘管力道很大，

圖 5.8　聯合太平洋鐵路每月走勢圖

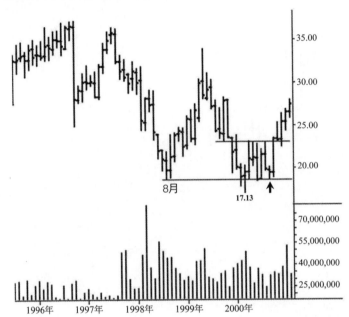

參考來源：TradeStation

但這支股票在區間中央收盤，而且高於 2 月低點。這表示有可能發生彈跳，但這支股票撐了 4 個月，卻無力上漲並遠離危險點。

　　2003 年 2 月的狹窄區間、弱收盤和低交易量（點 3），警告我們會發生跌破。3 月和 4 月（點 4 和點 5），這支股票以巨大的交易量跌至新低點。此處的下跌動能不大，因此努力的報酬很少；然而，4 月的收盤提供了一個線索——這支股票可能會回漲。這次彈跳始於 5 月的逆轉。供給在 7 月是足夠的（點 6），但它在 8 月被吸收，於是這支股票在 2006 年 5 月回漲到 15.55。

圖 5.9　日本指數型基金（EWJ）每月走勢圖

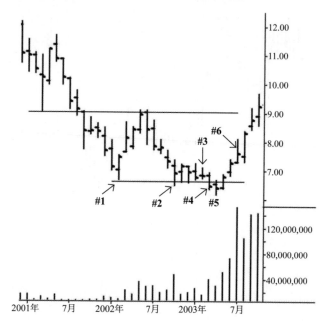

參考來源：TradeStation

　　持續好幾年的交易區間通常包含許多彈跳，它們會提供高獲利的居間向上變動，卻不會產生重大的突破。大豆期貨每季走勢圖（圖5.10）代表了一個典型案例；如果不過於深入地探索這張圖表上的許多彈跳，共有5個彈跳特別明顯。

　　從左到右，它們產生的獲利分別是6.36美元（16個月）、3.87美元（7個月）、6.32美元（21個月）、2.31美元（9個月）和6.39美元（27個月）。一次來自2006年低點的後期彈跳，22個月內賺了11.39美元，而且它的確代表了這裡秀出的交易區間的一次重大突破。考慮到

大豆期貨 1 美元等於每張合約 5,000 美元，這算是賺了不少；大豆期貨
市場的彈跳通常都會持續好幾個月，因此很值得密切研究。有幾次彈跳
之前發生過向上反轉，起初未能激起更大的變動。之前的測量是從最後
的起點做起。

　　1999 年之前，所有彈跳都發生在 1975 年低點和 1977 年高點所創
造出的邊界之內。1973 年的高點沒有被重新測試，直到 2008 年漲到
16.63。商品的趨勢在 1980 年達到高峰，而且直到 1999 年之前都沒有
觸底，同年大豆期貨市場跌破了它在 1975 年的低點。大豆期貨在 1999
年的低點被測試了好幾次，但繼續撐住，直到這段過程結束於 2002 年 1
月。1999 年和 2002 年之間的價格行為是末期暴跌，因為它在長期交易
區間的結尾時到來，並且演變了更長一段時期。這種價格行為通常會終

圖 5.10　大豆期貨每季走勢圖

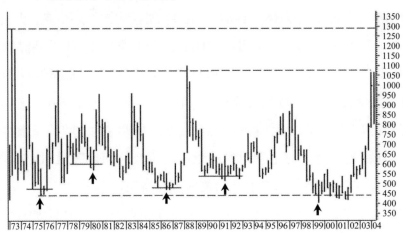

參考來源：MetaStock

結一個持續數年的交易區間，並且開始一個大很多的上升趨勢。

雖然來自 2002 年低點的回漲，在 2004 年被抵消了一大半，但它最終成為末期暴跌的次級測試。在每年大豆油期貨走勢圖上（圖 3.6），我們觀察到 1975 年低點的末期暴跌。它也發生於 2001 年的時期內，並且產生了巨大的向上變動。同一張每年圖表上，始於 1950 年代早期的交易區間，被 1968 年一次較不戲劇化的末期暴跌給終結。

道瓊工業平均指數（圖 5.11）在 1966 年首度回漲到 1000。從這個高點，它維持在一個交易區間內長達 16 年，期間發展出彈跳、上推、一次末期暴跌以及一個尖端。1982 年 8 月的彈跳，伴隨著當時股票交易史上最大的每月交易量一同出現。1982 年 8 月之前，紐約證券交易所（NYSE）的每日交易量從未達到 1 億股，但那個月總共有 5 天達標，而且這 5 天是分開的。

1982 年 8 月的每月區間，是所有之前的上漲月分中第二大的——只有 1976 年 1 月超過。當然，1982 年 10 月的區間是之前所有上漲或下跌月分當中最大的。為了剖析這次彈跳，我們從來自 1981 年高點的跌破開始觀察，它在 9 月找到支撐（907），道瓊試圖從這個低點回漲，但在 12 月漲到 900 以上時就後繼無力。1982 年第一季有更多次走弱，加上 3 月有個新的低點，這裡我們觀察到 3 個重要特性：**收盤位置跟每月區間的低點差很遠、比上個月的收盤位置略低，而且回漲到 1981 年低點的上方。這 3 個特性警告我們可能會發生彈跳。**

1982 年 3 月，NYSE 每月交易量達到歷史新高，但巨大的賣出力道卻只賺到很少的報酬，讓局勢更加看漲。雖然發生了一次小彈跳，

但 5 月它在 850 上方遇到了壓力線。來自 5 月高點的拉回，可視為測試從 3 月低點發展出來的彈跳。6 月看起來像是對於這次彈跳的成功次級測試，因為道瓊撐住了低點，而且這個月結束的位置跟低點差很遠。然而，在 7 月，這次回漲「劈啪」一聲就停止了，從收盤位置可明顯看出來。這等於在為另一次彈跳測試做準備。8 月，價格跌至比以前略低的新低點。不過當道瓊在當月回漲到 7 月高點上方，這次彈跳就火力全開了，起飛超過以往 11 個月的高點，並且預示著一生僅此一次的牛市即將開始。

圖 5.11　道瓊工業平均指數每月走勢圖

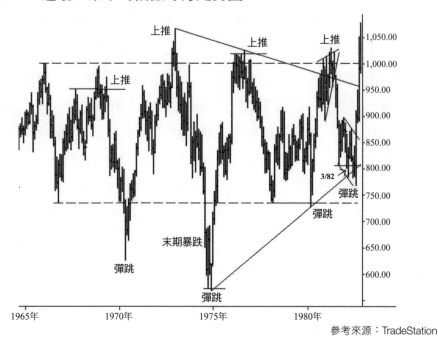

參考來源：TradeStation

　　你可能會問，為什麼 1982 年 8 月的彈跳有這麼深刻的效果，而其他彈跳卻未能產生持續的漲勢？其中一個很明顯的非技術理由就是利率。長期收益率在 1981 年 9 月達到高峰，而短期收益率在 1982 年 8 月急遽下跌。純粹從技術觀點來看的話，價格盤繞成尖端，協助爆發這次彈跳的強勁回漲。而且，有些長期價格週期在 1982 年跌至谷底。來自 1982 年低點的逆轉平淡無奇，但它證實了股市有離奇的能力，得以延長一次趨勢。我們在 2011 年～2012 年整段時期都看過這種行為。我會在下一章處理「上推」這個主題，但圖 5.11 提供了幾個極佳的例子。

　　正如我們所見，**長期、波動的交易區間內的彈跳**（像是道瓊和大豆期貨圖表上所展示），**通常會提供重大的買進機會**。在每日上升趨勢之內，彈跳通常會發生於修正的右側，可以用來逐漸增加多頭部位，或是在趨勢開始之後上車。

　　下降趨勢中充滿了失敗的彈跳（見圖 5.6），產生了我所謂的「逢低買進者的惡夢」，因為它們會反覆引誘交易人追逐向上反轉。這些彈跳通常都很短命，如果正確判讀的話，就可以用來建立空頭部位。

　　我們先看看迪爾公司（Deere & Co.）每日走勢圖（圖 5.12），始於 2003 年 3 月和 10 月之間的兩個上升趨勢。股市在 2003 年 3 月抵達了一個重要的低點，進而產生一個井然有序的上升趨勢，持續了約一年。在 S&P 和其他指數的每日圖表上，3 月低點的反轉行動非常明顯。迪爾雖然跟隨主流，但在起飛之前，並沒有流露出任何明顯的跡象。換言之，就是沒有高潮交易量、沒有向下推力縮短、沒有反轉行動，而且來自 2002 年 12 月高點的下降通道內，沒有超賣狀態。在每週圖表上（這

裡沒有秀出來），從 2002 年 12 月到 2003 年 3 月的下跌，的確重新測
試了 2002 年 7 月的低點，但是從價格／交易量角度來看，沒有任何跡
象顯示可能會開始大幅向上變動。不過在市場變寬的同時，這支股票迅
速回漲，遠離它的低點並達到 3 月 21 日的高點；接著在下次修正時，
又把自己大部分的獲利吐了回去。

　　這支股票從這個低點逐漸漲到 22 的水準，5 月 12 日～13 日的巨大
交易量，表示有供給存在。5 月 29 日的次要跌破之前，有一個交易區間
形成了好幾週。交易量上升到 11 天內的最高水準，而價格在這天的低
點附近收盤。隔天沒有向下跟進，使得股票處於潛在的彈跳位置（這也

圖 5.12　迪爾公司每日走勢圖

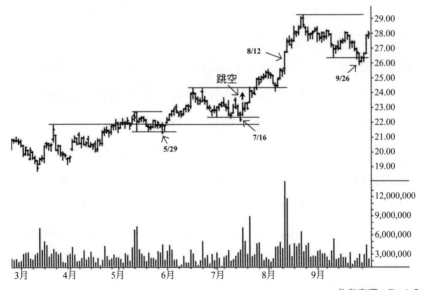

參考來源：TradeStation

增加了這支股票在 3 月高點附近被吸收的機率）。你可以在 5 月 30 日或 6 月 2 日做多，然後在低於 5 月 29 日低點時停損。即使交易量在這次跌破時增加，卻沒有發生次級測試。在這種次要彈跳上小賭幾把，在上升趨勢中就有更大的成功機會。第二次彈跳結束了 6 月高點和 7 月低點之間的交易區間。7 月 16 日，這支股票跌至交易區間下方，並以弱勢收盤，交易量依然很低。

　　我最喜歡的彈跳類型之一，發生於 17 日。這支股票就在這天向上跳空（幾乎到達前一天的高點），而且交易量暴增。這種彈跳行動在下降趨勢中鮮少奏效；然而在上升趨勢中，它強化了看漲的故事，因為它讓潛在買家付錢持有這支股票、避免別人上車。在這次彈跳中，先有一次低交易量的跌破，接著是上漲日的高交易量及隔天的次級測試，然後這支股票很快就漲到 6 月高點上方。請注意 8 月初的拉回，測試了需求超過供給時的突破，正如圖 1.1 所描繪的。價格在 8 月向上加速，最後深陷於另一個交易區間之中。9 月 26 日，股票跌至這個區間的下邊界下方，但交易量完全沒增加（它測試了 8 月 12 日的垂直加速）。交易量少以及隔天的跟進，都提高了彈跳的可能性。

　　我喜歡看到這種有賺頭的行為。一個區間狹窄的價內交易日（9 月 29 日）撐在區間低點下方，如果沒有立刻回漲，就要小心下跌。在下降趨勢中，這種結果幾乎無庸置疑。在此處，潛在趨勢掃除了所有懷疑，因為這支股票回漲，遠離了危險點。9 月這次彈跳的低交易量增添了重要性，因為它測試了 8 月 12 日～13 日的垂直高交易量區域。低交易量反映出區域內缺乏供給，需求之前已經勝過供給；顯然，被套牢的做空

者幾乎都沒受到誘惑，沒有增加他們在 9 月 26 日跌破時的部位。這支股票在 2004 年 4 月達到 37.47。

　　2004 年歐洲美元走勢圖（圖 5.13）2003 年 11 月和 2004 年 3 月的上升趨勢，包含了許多彈跳及高交易量突破區域的測試。這張圖表提供了傑出的「線條故事」研究。說一下背景資訊：這張合約在 2003 年 6 月達到高峰（98.39），然後跌到 2003 年 8 月的低點（96.87）。盤整了一個月之後，價格在 9 月 4 日～5 日急遽上漲。

　　這次垂直起飛推動了回漲，來到 10 月的高點，也就是這張圖表的起點。來自 10 月高點的修正，自然而然地測試了 9 月初價格垂直上漲

圖 5.13　2004 年 12 月歐洲美元每日走勢圖

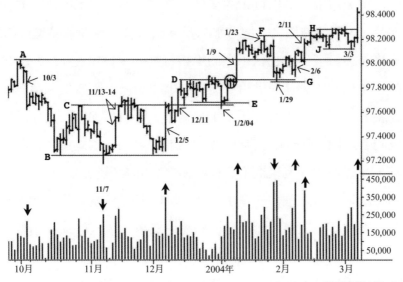

參考來源：TradeStation

的區域。這次修正被我標示為「交易區間 AB」。而從 10 月的低點開始，又發展出一個更小的交易區間 BC。它的第一個高點結束於 10 月 3 日的區間內，此處價格加速下跌，而且交易量增加。11 月 7 日的高交易量拋售，跌至區間 AB 和 BC 的下方，但其收盤位置以及「付出卻沒報酬」的現象 ，表示會發生彈跳。當這張合約在兩天後向上推進時，你應該做多，並在低於鄰近的低點時停損。這次彈跳在 11 月 13 日～14 日向上加速，然後在 17 日星期一逐漸停止。

隔天價格區間變窄，表示這次彈跳正在失去動力。當然，這再度發生於 10 月 3 日的跌破區域內，也創造出交易區間 BC 的潛在上推。活躍交易人應該已經獲利了結、或是賭更大——繼續撐著以等待次級測試。上推直到 11 月 21 日才完成，並導致一次彈跳測試。12 月 5 日，重新測試低點之後，這張合約以巨大的交易量急遽上漲，之前的向下變動被抵消了大半。**上漲沒有阻力、強收盤以及高交易量，預示價格還會再漲。**

價格先經歷了一次起伏不定的維持行動——買家在 12 月 11 日的突破之前，先吸收了剩餘的供給。這次突破很短命，因為這張合約在隔天就遇到壓力線了。新的交易區間 DE 基本上形成於 BC 上方，而且大部分都位於 12 月 11 日～12 日突破的價格區間之內。透過第一章展示的圖表脈絡，可以看出交易區間 DE 是持續更久的突破測試，它在 1 月 2 日的彈跳時結束。當這張合約在 1 月 2 日星期五輕易跌破時，微小的交易量表示弱勢多頭被洗盤，而不是供給勝過需求。隔天的低交易量和狹窄區間，凸顯出缺乏供給，並提供一個極佳的做多位置（對於使用一天結束時的資料的交易人來說，他們甚至能在隔天的開盤做多）。在接下來

3 個時段（參見圈起來的區域），市場緊緊撐著壓力線，因為買家吸收了上頭的供給。

這 3 天的收盤聚在一起，而且比各自的當日低點高很多，對交易人來說，這個吸收區域提供了建立多頭的極佳位置。1 月 9 日，需求勝過供給，價格以極大的寬鬆程度和力道向上變動。這次回漲在隔天就立即停止；價格似乎在壓力線 A 上方盤整，接著往上推進到另一個高點（1 月 23 日）。我們立刻就能注意到這次回漲（高於之前 1 月 10 日的高點）的推力是如何縮短，以及價格是怎麼反轉向下。

突然間，我們面對了一種可能性：最後一次突破已經產生了一次交易區間 AB 的上推。波段交易人會獲利了結，活躍交易人則賭在空頭上，但高於 1 月 23 日就立刻停損。1 月 28 日的高交易量大跌破之後，潛在的上推變得更可信。雖然這次下跌已經測試了突破，並且維持在壓力線 D 上方，但弱收盤和大交易量提高了進一步走弱的可能性。1 月 29 日的行動減少了看跌的預期。此處每日區間變窄，價格在區間中央收盤，而且交易量暴增到圖表的最高讀數，市場回到之前的吸收區域。有些大股東顯然趁這次大量賣出時買進，因此這張合約幾乎沒有向下進展。波段交易人或許會重建多頭部位，並在稍低於 97.80（吸收區域）的位置停損；任何決定要維持空頭的人，應該至少將停損點調整到損益平衡。

我們現在有新的交易區間 FG，它跟 AB 和 DE 的頂部互動。支撐線 G 幾乎是壓力線 D 的延伸。在隨後的回漲時，每日區間在 98.00 上方變窄，這表示需求正在疲軟。這導致 2 月 6 日發生了一次拉回，測試 1 月

28 日的低點。但這張合約以巨大的力道反轉向上，把任何等待彈跳的人鎖在外面。

我在本章一開始說過，你可以只靠彈跳和上推交易謀生。統計上來說，彈跳和上推不像雙頂（double top）[i] 和雙底（double bottom）[ii] 形態這麼普遍。當你瀏覽整本圖表，你會發現許多 6 個月或 1 年的上升趨勢都沒有任何彈跳，但我們仍可以擬定交易策略來處理這些狀況。

一個策略是在高交易量回漲、遠離低點之後，趁拉回之際做多。許多時候都有進入高交易量日區間的淺修正——像是這次研究中的 12 月 5 日、1 月 2 日和 2 月 6 日之後——可以用來買進。當然，其他交易可以建立在吸收區域內或是突破測試上。

2 月 6 日之後，這張合約在 11 日經歷了另一次急遽上漲。交易量還是很大，提供了足夠的力道去突破交易區間 FG。在 12 月 11 日和 1 月 9 日回漲後，向上動力疲軟，所以交易區間變窄。然而在 2 月 18 日，這張合約反轉到這天的低點收盤，所以交易區間 FG 已經被上推的可能性也提高了。我們看到向上進展縮短——這是從 D、F、H 三條線的高點測量出來的——不過隨後的修正（被我標示為交易區間 HJ）很淺。它測試 2 月 11 日的垂直區間並維持在其內部，然後在 3 月 3 日那幾乎察覺不到的彈跳時結束。這次彈跳是由一個狹窄的區間所構成，它

---

i 也稱 M 頭，由兩個同等的高價（山）與一個低價（谷）構成。
ii 也稱 W 底，由兩個同等的低價（谷）與一個高價（山）構成。

在交易區間底部的上方強勢收盤。巨大的需求出現於 3 月 5 日，這張合約迅速漲到一個新高點。以回顧的角度來看，交易區間 HJ 代表了交易區間 FG 上方附近以及 AB 上方的吸收。

這裡秀出的上升趨勢，已經回應了一次接一次的彈跳，導致上漲阻力大放鬆以及交易量增加。因為交易量很大，每次彈跳都很快就逐漸消失，導致另一個交易區間。這並不是由買家完全控制的穩定且猛力的上升趨勢——更加看漲的狀態。上升趨勢的交易量始終都很高，反映出有人持續賣出，而這必須被吸收，趨勢才能繼續下去。3 月 5 日的高交易量突破之後，形成一個小型交易區間 KL，如圖 5.14。它結束於 3 月 16 日的一次微小的彈跳。請比較這次彈跳時回漲的特性，以及圖 5.12 上較早期的反轉。

突然間，每日區間變窄、交易量減少，這表示缺乏需求。當你考慮到這次變動已勉強超過 2003 年 6 月的高點（98.39），2004 年 3 月漲勢上方的需求枯竭就變得更加不祥。這次攻頂行動值得討論，請注意頂點日（3 月 24 日）的弱收盤位置，以及兩天後這次彈跳被抵消了多少。不過，在 3 月 31 日，買家不允許繼續走弱、價格強勢收盤之後，這張合約仍有另一次回漲機會。在這個時點，市場的位置類似於 12 月 4 日、1 月 5 日及 3 月 4 日。但 4 月 1 日並沒有跟進的買進，於是價格反轉，在過去 3 個時段的低點收盤。賣家已經吸收了 3 月 16 日低點附近的買進，並且占了上風。你可以在 4 月 1 日收盤，或是在 4 月 2 日開盤時建立空頭部位，並且在 3 月 31 日的高點上方停損。4 月 2 日發生巨大的拋售，這是在回應看跌的就業報告。因為價格在低點收盤，你可能會期待一次膝跳

式的反彈。

正如你所看到的,每日區間在隨後的回漲時變窄,然後這張合約在接下來3個月跌了100點。但是3月31日~4月1日的失敗彈跳,替更低的價格創造出立即且技術性的結構;3月的向上推力縮短以及2003年6月高點的上推,描繪出大了更多的看跌景象,明顯看跌的基本面則是原因所在。現在我們將會檢視頂部結構中的失敗彈跳。

圖5.14 2004年12月歐洲美元每日走勢圖2

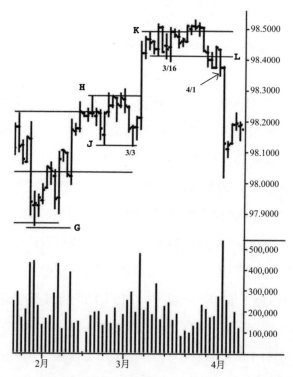

參考來源:TradeStation

　　棉花市場的價格在 2001 年 10 月和 2003 年 10 月之間翻倍。2004
年 12 月的新作物合約（圖 5.15）曾漲到 71 美分的高峰，然後在 2003
年 11 月經歷一次快速拋售，跌到 62.50。從這個低點開始，這張合約
在 2004 年 1 月（我們的研究開始的地方）反彈到 69.96。這張每日走勢
圖秀出了 2004 年 1 月和 4 月之間發展出來的頂部結構。它被一些失敗
的彈跳標示出來，這也凸顯出賣家的力道變強。我不會詳細描述這次行
動，而是只講幾個重點。2 月 10 日和 3 月 9 日的彈跳，使價格重回交易
區間 AB 的頂部，但來自 4 月 13 日低點的彈跳，只是重新測試了這個交

圖 5.15　2004 年 12 月棉花每日走勢圖

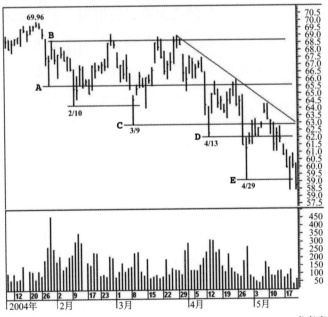

參考來源：TradeStation

易區間的下邊界。

從這個最後的高點開始，下降趨勢在 4 月 28 日～29 日加速。4 月 29 日的收盤保住了反彈的機會，但無法穿透下降趨勢線，而且接著更加走弱。4 月 29 日的拋售太深，不可能發生彈跳。我們在這張圖表上看到一系列較低的低點和高點，圍繞在軸線 A 和 C 附近。至於圖表右部邊緣的支撐行動，我們可以從此處看出賣家吸收了所有買進，因此價格繼續下跌。

就我所知，沒有比彈跳更好的交易策略。彈跳會產生短期當日交易，並激起許多長期趨勢。對於風險管理來說，彈跳提供一種在危險點進場交易的方法，成果很快就能確定，而且風險極小。**當價格跌至支撐線下方，許多交易人會因為害怕更加走弱而退縮。但專業的交易人更懂，他會觀察他人猶豫或幾乎沒有跟進的地方，然後迅速利用這個情況。**只要理解彈跳，任何人都可以是交易專家，也能藉此賺到不錯的年收入。

第六章

上推

Upthrusts

　　當股票、指數或商品漲到之前的壓力線上方，但沒人跟進時，你就要考慮向下反轉的可能性，這種失敗的突破稱為「上推」[i]。它跟彈跳一樣，有各種發生方式，而且之後可能會受到重新測試。

　　就像彈跳，上推可以在危險點提供風險最小的交易機會，也同樣可以在一次趨勢內提供非常快速的交易回合，或是出現在重要的頂部。我發現上推比彈跳更難交易，其中一個理由或許是散戶願意在新高點買進，但他們不會急著在新低點做空；因此，在彈跳的時候，我們通常能夠更清楚地分辨機構的買進。頂部的機構賣出，可能會被散戶的買進所掩蓋，因而變得模糊──而這正是清算多頭部位並建立空頭的專業交易人所偏好的環境。

　　因為有可能發生上推，所以我並不急著在突破時買進。傑西‧李佛摩（Jesse Livermore）在其著作《傑西‧李佛摩股市操盤術》（*How to Trade in Stocks*）中，表達了相反的看法：

　　知道這件事而感到驚訝的人應該不少吧：在我的交易方法當中，當我根據自己的紀錄，看見一個上升趨勢正在進展中，那麼只要股票出現正常反應之後漲到新高，我就會立刻成為買家。[1]

　　在新高點買進，是《投資人商務日報》（*Investor's Business Daily*）

註1：傑西‧李佛摩，《傑西‧李佛摩股市操盤術》（紐約：Duell，Sloan，Pearce，1940年），第20頁。
i upthrust，價格衝出阻力後又回到阻力下，目的是吸引散戶繼續做多。

交易哲學的支柱之一，這招在牛市特別有效。股票經紀人威廉・歐尼爾（William O'Neil）在他的傑出著作《笑傲股市》（*Make Money in Stocks*）中寫道：

接受股市中巨大矛盾的難處在於，對多數人來說看似又高又有風險的價位，通常還會再漲，而看似又低又便宜的價位，通常還會再跌。[2]

若要相信這個明智的建議，需要花上很長的時間，我的看法與之類似，但我或許會補充說：「面對已經建立的趨勢（無論上升或下降）卻刻意跟大眾唱反調，這種高人氣策略可能會導致災難性的結果。」那麼，我們要怎麼知道壓力線上方的突破將會失敗？趨勢是最重要的考量。正如本章即將展示的，**上升趨勢中的上推很難順利進展；但是在下降趨勢中，先前修正高點上方的上推，奏效的機率就比較大，甚至會蓬勃發展。**

上推發生的方式幾乎有無限多種。第一個前提是前面有一個高點，然後有一條壓力線畫過它。如果漲到這條線上方，就會成為「潛在」的上推。突破前高可能並不是決定性的價格行為，通常是前面價格走勢的累積表現，尤其是後續的價格走勢，才揭示了市場的動向。上推可以出現在任何時間週期的圖表中。當市場在歷史新高點交易，其波動

註2：威廉・歐奈爾，《笑傲股市》（紐約：McGraw-Hill，1995年），第25頁。

通常會比前面好幾個月都大。在這樣的環境中，每小時圖表上的一次上推所產生的向下變動，可能比過去一年的區間更大。這讓我想到 2011 年的白銀價格。一般來說，每週走勢圖上的上推是最清楚顯眼的。圖 6.1 秀出惠頓貴金屬（Silver Wheaton）每週走勢圖 2011 年 3 月～4 月的頂部。結束於 3 月 11 日的那週，行為變成看跌，價格從高點跌到低點，跌幅為 7.74 點。這是這支股票史上最大的下跌週。4 週後（4 月 8 日）這支股票回漲到 3 月 11 日的高點上方收盤，買家似乎重新占了上

圖 6.1　惠頓貴金屬每週走勢圖

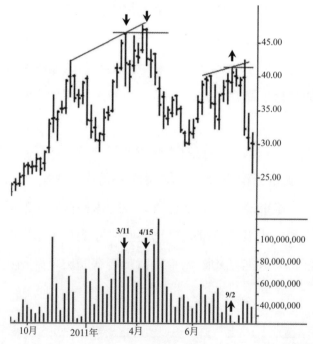

參考來源：TradeStation

風，不過到了下一週（4月15日），這支股票已經反轉向下，此時的累積行為，表示有可能發生上推。

　　為求慎重，圖6.2秀出惠頓貴金屬的每日走勢圖。圖中，3月11日這週的巨大賣量並不明顯。在「突破日」（4月8日）那天，區間變窄以及收盤位置，肯定會使人懷疑有可能上推。狹窄區間的突破，並不表示有積極的需求足以接續上升趨勢。但接下來兩個時段（4月11日和12日）的大量拋售，證明賣家已經取得控制權。圖6.2體現了上推的幾

圖 6.2　惠頓貴金屬每日走勢圖

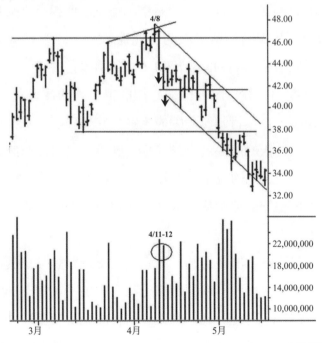

參考來源：TradeStation

個特性：第一，4月11日的收盤低於4月8日和4月7日的低點，因此它完全抵消了「突破」；第二，它是大到不尋常的下降長條。4月11日的真實區間，是2010年11月10日（幾乎剛好是6個月之前）以來的下降長條中最大的。4月12日的短暫低點之後，請注意價格怎麼上下擺動，並反覆在價格條的底端附近收盤。

2011年1月3日，美國鋼鐵公司（圖6.3）在為期5個月的漲勢中達到高點（61.18）。經過一次急遽的修正之後，這支股票又開始上漲。2月15日的向上跳空超過了1月的高點。雖然這支股票在區間底部附近收盤，但真實區間讓這次收盤顯得更加強勁。交易量適度增加，而買家似乎已經勝過賣家。隔天區間變窄，這支股票幾乎沒有向上進展，但強勢的收盤還是保有價格上漲的可能性。2月17日這天，區間變得更窄，但強勢收盤和外側的向上反轉，讓故事維持看漲。我們可以替這次軟弱的漲勢找到無數藉口，但它必須取得更大的進展。但2月18日的外側向下反轉，表示行為反而變成看跌。它提供了一次極佳的做空機會，一旦高於前一天的高點就立刻停損。雖然交易量沒有急遽擴張，但低於先前4個時段低點的收盤，充分證明上推已經發生。2月22日星期二的大跌，讓價格變低的機率變成3倍。還要再過好幾年，這天的高點才會被超越。

請注意2月2日的價格行為。此處，這支股票勉強穿透了1月的高點再反轉向下。兩天後，看跌的價格行為又出現了。當一支股票的價格是60美元，我幾乎不會把一個18美分的新高點視為上推。這是次級測試，或者有可能是雙頂。如果是2美元股票的微小新高點，那就有可能

是上推。

　　總體而言，上推並沒有精確的大小測量方式。10～15％的新高點似乎是上推的合理極限。黃金期貨在2008年3月漲到1040的高峰，2009年12月又從1240反轉向下，這並不是2008年高點的上推，而是上升趨勢內一波漲勢的頂點。

　　S&P因為其彈跳和上推而惡名昭彰，有許多主要的極端值，都被這

圖6.3　美國鋼鐵公司每日走勢圖

參考來源：TradeStation

兩種行為終結。從 2002 年 10 月低點開始、為期 60 個月的漲勢，充滿了上推，而後產生了短命的下跌或橫向變動，但沒有嚴重衰退。

在現金 S&P 每月走勢圖（圖 6.4）上，可以找到 8 次「潛在」的上推，其中有 5 次是外側向下反轉，1 號、4 號、8 號是例外。前 6 次上推的平均拋售是 88 點。除了來自 2 號高點的修正之外，向下變動從未持續超過 3 天。這次上升趨勢期間，我正在撰寫夜間 S&P 報告，而且我很確定，每次反轉我都有提到看跌的含意。雖然它們賺到一些不錯的利潤，但沒有長期含意。2007 年 7 月的第 7 次上推看起來就像個大魔王，造成了 155 點的下跌，而且延續了大量賣出；不過在 2007 年 10 月，

圖 6.4　現金 S&P 500 每月走勢圖

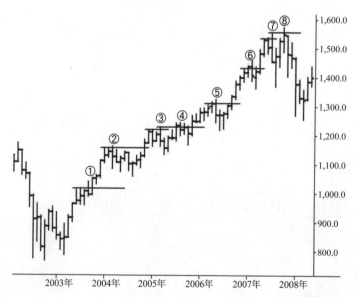

參考來源：TradeStation

S&P 成功達到最後一次新高點，這次只高出 21 點而已。而在 10 月 11
日（頂點日）發生了一次外側向下反轉。這個高點也是 2000 年高點的
上推（24 點），這使其更為重大，導致嚴重的向下變動，跌到 2009 年
的低點。

　　S&P 期貨每週走勢圖（圖 6.5）更詳細地秀出 2007 年的兩次上推。

圖 6.5　S&P 每週走勢圖

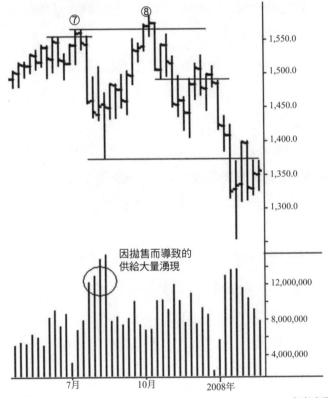

參考來源：TradeStation

第 7 次上推發生於 2007 年 7 月 20 日那週。此處,前一個月的高點更清楚地被凸顯出來,但占走圖表大半版面的,是從 7 月高點開始、因拋售而導致的供給大量湧現。在當時,這是期貨合約史上最大的交易量。請記住,惠頓貴金屬圖表(圖 6.1)上的巨大交易量,在上推之前的 2011年 3 月初,就已經發出類似的看跌警告,然而,其重要性比 S&P 小很多。從 2007 年 7 月高點開始、為期 4 週的拋售,跌了 192 點。第 8 次上推時,區間變窄,而且價格收盤位置離高點很遠。這些區間狹窄的突破,應該總是以懷疑的眼光看待。回漲的企圖屢次被擋在 1,500 這條線附近,因為賣家已經取得控制權。

從 2007 年 10 月的上推高點開始,S&P 期貨跌了 921 點,來到2009 年 3 月的低點。58% 的跌幅似乎足以埋葬這個市場,但我寫這段文字的時候,它已經回漲到跟 2007 年高點只差 120 點以內。

從這次回漲以及其他更重大的事件,我們可以得知一件事:**上推不一定代表已經達到永久的高點**。討論市場的時候,「永久」就跟「絕對」一樣,是該避免的字眼。上推代表「結束動作」,但不一定是「終止動作」。

請看這張銅期貨每月走勢圖(圖 6.6),2008 年的上推(高於 2006年的高點)看起來就像長期上升趨勢的結尾。銅價在 7 個月內跌了66%。2011 年 2 月,銅價回漲到上升通道頂部,而且超過之前的高點。

請注意 2010 年 12 月和 2011 年 2 月之間,收盤位置聚在一起。按照淨值來看,這透露出市場無力上漲。2011 年 7 月,上推被重新測試,8 月～9 月的向下變動出現了創紀錄的賣出。許多其他商品市場也在上

推後經歷了這樣的大擺盪，例如棉花在 1980 年達到高峰，然後在 1995 年上推了這個高點，但到了 2011 年，它的價格達到 1995 年高峰的兩倍，任何事情都可能發生。大豆油每年走勢圖（圖 3.6）秀出了 1974 年和 1984 年的上推，高於 1947 年的高點。2008 年價格暴漲到高於這些高點，接著在 2011 年和 2012 年漲得更誇張。

圖 6.6　紐約銅期貨每月走勢圖

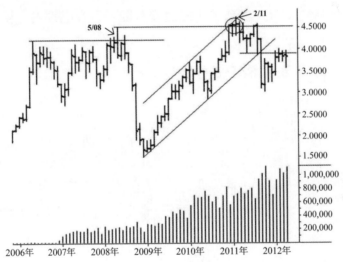

參考來源：TradeStation

　　上推的短暫本質，在當日圖表中出現得最頻繁。在這個環境中，上推和彈跳都會帶給交易人既大又低風險的優勢。第三章有講過，用支撐線和壓力線框出交易區間是很重要的事情，因為上推和彈跳會在這些線條附近發生。它們並非總要靠巨大波動才會出現，許多時候，上推是

由一條 5 分鐘的長條構成，穿透一條壓力線再反轉向下，這是最簡單的
形式。

　　圖 6.7 示範了這個交易情形。在本圖中，於 8 月 5 日，2011 年 9
月的 S&P 從這段時期前的一個高點往下跌。這次拋售的最初低點是
1202.75，此價格之後成為軸線。恰好在下午 1 點之前，市場回漲到
1210.25，然後在這條軸線兩側形成一個交易區間。下午 1 點 55 分，產
生了一個比之前略高的新高點（1212.50），但市場沒有跟進。在這個
情況中，交易量沒有大爆發，所以也沒有顯示賣家已經占上風，起初價

圖 6.7　2011 年 9 月 S&P 5 分鐘走勢圖

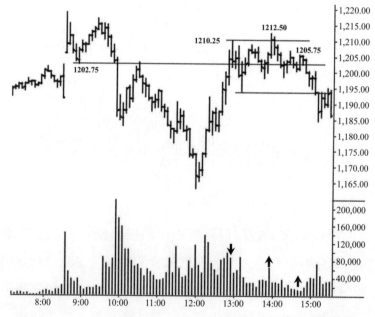

參考來源：TradeStation

154

格反而還出現小小的反應。下午 2 點 40 分發生了次級測試，低交易量表示需求已經無力。只要將交易建立於下午 1 點 55 分高點開始的反轉或次級測試（1205.75），就能獲得可觀的報酬。這種小上推每天都會出現，而這次反轉的成功率很高，因為它測試了圖表上之前價格跌破的點。此外，導致上推的低交易量，並沒有反映出積極的買進，看起來更像是在狩獵停損點，而不是要開始持續上漲。

圖 6.8（S&P 5 分鐘長條圖）則述說著不同的故事。突破長條上增

圖 6.8　2011 年 9 月 S&P 5 分鐘長條圖

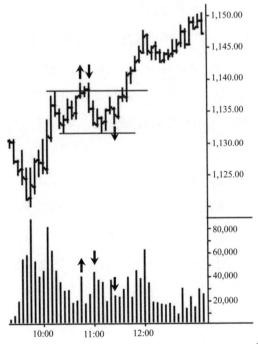

參考來源：TradeStation

155

加的交易量看起來很有建設性；然而，區間變窄以及收盤位置推翻了看漲的解讀。在這個脈絡下，增加的交易量反映出「力道很大但報酬很小」。10分鐘後的外側向下反轉，更增添了看跌的景象。但支撐線被重新測試時，價格條變窄了，這表示賣壓後繼無力。

上午11點25分最後一條下降長條，撐在低點上方，並沒有吸引巨大的賣量，而且在區間中央收盤。從各方面來看，這都不是看跌的行為。謹慎的做法是清算任何空頭交易，因為這天的市場波動，交易人可以利用這次假上推快速獲利。潛在的看漲趨勢太強了，不可能大衰退；然而，只要風險合理，靈活的當沖交易人可以藉由刺探這樣的潛在上推來謀生。

在頂部結構內，跌價之前可能會發生幾次上推。圖6.9秀出了費利浦‧麥克莫蘭銅金公司（Freeport-McMoran）在2011年4月期間的一個居間頂點。4月25日，第一個小時的高點和第二個小時的低點之間，形成了一個交易區間，這個狹窄區間包含了接下來5個交易時段的大部分價格行為。

就跟許多股票一樣，最大的交易量通常都出現在第1個小時。所以當最大的每小時交易量出現在較後面的時段，那就值得注意了。我用雙箭頭來表示這種每小時交易量形態的反常現象。

4月26日，股票稍微漲到新高，但每小時區間變窄以及相對較低的交易量，都在警告我們別太看漲。4月28日發生了一次更好的突破嘗試。此處，這支股票在它的最高價格收盤，而且看起來還能夠進一步獲利。然而，到了這天結束，獲利都被掃除了。4月29日的上漲力道未能

吸引買家跟進。最大交易區間內最大的上升交易量，出現在 5 月 2 日的第一個小時，這是一次失敗的彈跳。

這就是一個力道很大但沒有報酬（E/R）的例子。這兩次飆漲放在一起，可以視為 4 月 28 日上推的次級測試。請注意這支股票怎麼在 5 月 2 日的最後一小時走弱，並且很不吉利地在交易區間低點收盤。5 月 3 日第 2 個小時的交易量超過第 1 個小時的交易量，並且助長了跌勢。股價在 5 月 17 日跌到谷底（46.06）。

總而言之，當我們評估上推時，趨勢是最重要的考量。先前和隨後的長條上的價格／交易量行為，通常會揭露一次潛在上推是否真的會

圖 6.9 費利浦・麥克莫蘭每小時走勢圖

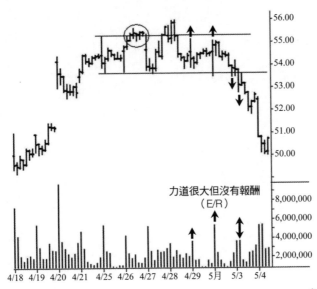

參考來源：TradeStation

發展起來。比起每日圖表上的上推，每週和每月圖表上的上推通常會導致更大的下降趨勢。在每日圖表上，漲勢頂部的上推可能只會產生修正而已。

最後，在開始跌價之前，頂部結構可能會發生不只一次上推。當市場持續撐住一個壓力水準，並且在數次威脅性的價格行為之後，仍然拒絕反轉向下，你就必須考慮到「吸收」正在發生中，而吸收正是下一章的主題。

第七章

吸收

Absorption

要怎麼知道高點的測試或穿透，會導致突破還是向下反轉？這是我們不斷面臨的兩難：獲利了結，或是維持多頭並承擔賠掉利潤的風險。答案有一部分取決於你的交易風格。短期交易人急著想賺取利潤，不想承受未知要素；部位交易人受到長期前景的指引，可能會選擇忍受一次修正；數週甚至數月之前就以現價做多的交易人，通常會選擇清算部位，他們已經賺夠了；至於在較低價位買進的做多者，則會獲利了結；而賣空者聞到頂點的味道，然後選擇對市場施壓。

吸收就是一個流程，壓過多頭清算、獲利了結以及新的賣空。它可能出現在任何圖表上，無論時間範圍為何。

以下線索表示上頭的賣出會被成功吸收：

- 支撐線提高。
- 吸收區上方附近的交易量增加。
- 威脅性的價格條之後沒有向下跟進。
- 在吸收區的右側，價格傾向於對壓力線施壓，而沒有退卻。
- 在一些情況中，吸收階段是被彈跳終結的。
- 吸收期間的次要上推無法產生跌破。

吸收區被視為修正的時候，一般來說是很淺的，通常形成於「價格最近加速上漲和／或交易量急遽增加」的區域內。

在圖 1.1「交易哪裡找」當中，吸收出現在交易區間的頂部。吸收最常出現在圖表上這個位置，但也可能出現在交易區間底部、賣家勝過

買家的時候。低點的買進源自空頭回補、空頭清算，以及新做多者的逢低買進。賣家勝過買家，最主要的特性是價格無力回漲並遠離危險點，這樣緊抱低點通常會導致跌破；持續猛敲低點的巨大交易量，通常表示跌破即將發生。

當針對低點的持續賣出未能產生進一步的走弱，威科夫稱這種行為是「持袋」（bag-holding）。在這種情況下，大型操作者正在套牢空頭。賣家所進行的吸收更難判讀，因為有些回漲的企圖看起來很像潛在彈跳——但它們不是失敗就是很短命。吸收不一定是橫向變動的形式，有些時候價格是上升的，在這種情況中，價格攀上了俗話說的「憂慮之牆」（wall of worry），把等待修正的潛在買家鎖在外面，而任何膽敢做空的人都會讓價格漲更多。這令我想到希臘方陣行軍踏過特洛伊平原。波動通常都會維持在小幅度，直到一條高交易量、寬區間的價格條暫時停止變動。話雖如此，我們還是要觀察各種吸收的例子，再加上一些吸收被抵消的案例。

整體上，大多數的吸收區都只會持續幾天或幾週，每月圖表上的吸收可能持續更久。當我們用支撐線和壓力線框出交易區間時，相對來說較窄的吸收區將會很顯眼。那些包含一些價格條的吸收區，在圖表上看起來就像一顆拳頭。圖 7.1 當中，2007 年 6 月期間，浸入科技公司（Immersion Corporation，簡稱 IMMR）在一個狹窄區間內翻騰了 4 天，然後繼續上漲。接下來 11 個時段，IMMR 上漲了 50%。

請看吸收的第一天（見箭頭），交易量飆漲、股票反轉後弱勢收盤，讓這天看起來最具威脅性，使大家害怕出現上推。接下來兩個時

段，價格試著回漲，但最後還是屈服了，在低點附近收盤。悽慘的收盤和低交易量實在不怎麼振奮人心，然而，反轉日之後沒有向下跟進，表示賣家到目前為止並沒有利用他們的優勢。你或許很納悶，市場面對一次「輕而易舉」的做空機會，為什麼這麼能撐？最後一天，這支股票穿透了前兩條長條的低點，然後反轉到它至今最高的價位收盤。這次外側向上反轉，正好適合做多，並且在其低點下方設停損點。

　　我忍不住想指出這張圖表上其他一些行為。位於圖表左下角的交易區間，發生了一次不錯的彈跳，接下來 3 天都是低交易量的價內交易日。你有認出這個交易區間上方被圈起來的行為嗎？它可以被視為吸收

圖 7.1　浸入科技公司每日走勢圖

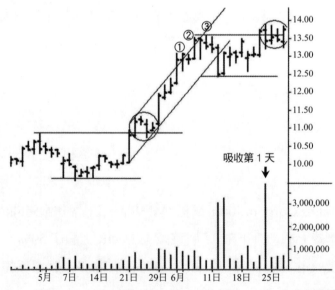

參考來源：TradeStation

或是拉回以測試突破，我覺得是後者。這條正常的上升通道本身就能解釋一切，它的供給線成為壓力線兩次，而點 1、點 2、點 3 連續 3 個高點，可以看出向上推力縮短了。

在原版的威科夫課程中（1931 年），威科夫第一次提到吸收，是在討論 1930 年和 1931 年之間的紐約時報 50 股平均指數（圖 7.2）。威科夫把「針對 1931 年 1 月高點、為期 13 天的交易區間」視為吸收。在這個情況中，這次行動包含提高支撐線，但價格從未超過 1 月的高點，直到右側的突破為止。除了支撐線提高，我們還看到兩條有威脅性的價格條，未能誘使賣家跟進。最後 4 天，收盤位置聚在一起，縱軸幅度為 1 點。這 4 次收盤都位於各自區間的高點和中點之間，針對壓力線的施

圖 7.2 紐約時報 50 股平均指數每日走勢圖

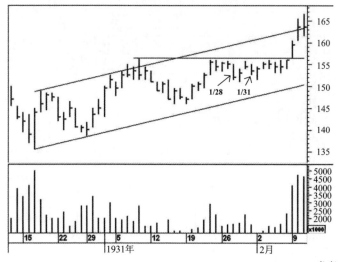

參考來源：MetaStock

壓導致了突破。許多威科夫課程的學生認為，這份圖表分析是他寫得最
好的作品之一，我從這次研究中學到不少。

　　在梅切爾集團（Mechel OAO）每日走勢圖（圖7.3）上，2009年
4月出現了一個比較不劇烈、但同樣有建設性的吸收區。它不是由狹窄
的橫向變動所構成的，這些區間內的擺盪反而算寬敞，而且跨越了壓力
線A的兩側。我將這個視為吸收，因為交易區間橫跨3月高點來回。
從4月初低點開始的回漲，超過2月的高點，並抵達一條次要上升通道
的頂部，此處推力縮短了。

　　請注意來自高點的修正，是怎麼測試價格加速上升的垂直區域。支

圖 7.3　梅切爾集團每日走勢圖

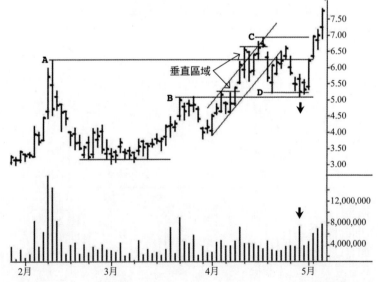

參考來源：TradeStation

撐沿著線 D 形成，並且比壓力線 B 略高。區間內的交易量始終維持大約相等，只有 4 月 30 日的向下反轉是例外。這天的向下交易量增加到 2 月高點以來的最高水準。這支股票在脆弱的位置收盤，但隔天沒有跟進。此處就是一個「持袋」的例子。這立刻產生一次潛在的彈跳，值得買進並在前一天低點下方設一個接近的停損點。從這個點開始，這支股票在 6 月 1 日漲到 12.69。

　　正如前面提到，看起來像上推的形態，也可能是某個吸收區的一部分。圖 7.4（2012 年 6 月 S&P 走勢圖）的 2012 年 4 月 25 日，出現了針對早上高點的反覆攻擊，我喜歡將它比喻為衝車[i]。雖然這些推力幾

圖 7.4　2012 年 6 月 S&P 5 分鐘走勢圖

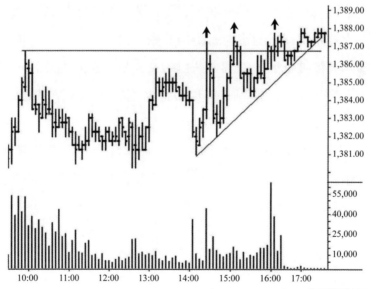

參考來源：TradeStation

乎沒有向上跟進，但每次拉回都把價位提高，因為買家穩定壓過了上頭的供給。每次推力之後的拉回，隨著價格上漲而越來越淺，這就是價格將會漲到更高的最佳線索。這張圖表示範了「為什麼當價格未能在突破後立刻跟進時，你不能自動考慮做空」，它凸顯出為什麼圖表判讀是藝術，而不是非黑即白的科學。

　　若要分辨上推和吸收，有時必須注意細微的線索。圖 7.5 是一張 S&P 每日走勢圖，價格高於 2009 年 9 月高點後就停了。隨後是 7 天的橫向變動，而且價格都維持在 9 月高點上方。這還真是難解的情況。

　　我在第四章說過，上升趨勢包含許多有威脅性、但未能產生更大弱勢的價格條。我們在此處能看到同樣的行為。從左到右，第一個箭頭之前出現了一次外側向下反轉。市場並沒有跟進跌勢，反而先反轉再強勢收盤。但接著市場又反轉一次，在這天的低點附近收盤。第 3 個箭頭指出另一次買量復甦，而市場有絕佳的機會可以漲到更高。但這天所有獲利到了隔天都被抵消。兩個下跌日的交易量是區間內最大，這也坐實了「上推已經發生」的觀點。市場沒把握兩次回漲，結果導致 60 點的拋售。

　　大區間下邊界附近的小交易區域，通常都會有好幾次彈跳嘗試。當這些彈跳一再失敗，我們就可以說賣家正在吸收買進。他們必定會套牢那些「一有向上反轉的嘗試就自動買進」的交易人。

---

i 古代攻城器械，以衝撞的力量破壞城牆或城門的攻城主要兵器。

圖 7.5　S&P 每日走勢圖

參考來源：TradeStation

從 2008 年 6 月高點開始，美國鋼鐵公司（圖 7.6）在約 20 天內跌了 60 美元以上。7 月低點（支撐線 B）發生一次反彈之後，向下推力在 8 月低點（C）的拋售時縮短。這表示向下動力正在疲軟。一個較小的交易區間在這個低點附近形成，它有 3 次彈跳嘗試。第 3 次彈跳始於 8 月初低點的一次稍微穿透之後，沒有擺脫低點的強勁需求，價格只是帶著小交易量和狹窄區間向上浮動。一旦價格在隔天開盤時向下跳空，那就有做空的理由了。從這點開始，這支股票在接下來幾個月跌了 90 美元。

圖 7.6　美國鋼鐵公司每日走勢圖

參考來源：TradeStation

　　當價格無法回漲以遠離交易區間的下邊界時，我們也可以偵測到賣家造成的吸收。價格反而緊抱低點，所有起飛的嘗試都被擋下來。有時候，這種價格行為會持續好幾週，也頻繁出現於當日圖表。不妨想像一個情況，跟我們在圖 7.2 看到的剛好相反；當支撐終於崩塌，那就會有急遽的拋售。隨後測試這次跌破的回漲，通常會提供極佳的做空機會。在第一章，我有將「跌破測試」納入圖 1.1「交易哪裡找」當中。

　　如圖 7.7 所示，2012 年 7 月的白銀價格，撐在一條畫過 2012 年 3 月低點的支撐線上方。4 月 4 日，白銀收盤價下跌了 2.22 美元，交易量也適度增加。巨大的交易量和寬區間幾乎保證 3 月的低點會被粉碎。接下來 11 個時段，價格維持在 4 月 4 日的區間內，沒有進一步的向下進

展。這個區域內最大的價格條出現在 4 月 12 日，看起來就像一次彈跳
正在發展中，但隔天的價格反而抵消了所有獲利。買家正在吸收賣家的
時候，可能會發生上推，但無法產生向下變動。如果賣家吸收了對抗低
點的買家，彈跳就無法實現。並非 11 條長條都很窄，但最後 5 天肯定
符合這個描述。來自這些長條的跌破，始於 4 月 23 日，並在接下來幾
天導致 1.88 美元的拋售。4 月 27 日的反射性回漲時，區間變窄，而且
交易量急遽下降，市場在測試前一次跌破。最後一天價格已跌破 30 美
元，並且在這張 7 月合約到期之前，達到 26.07 的低點。

　　許多威科夫的學生都認為，吸收是最難認出來的行為。吸收和頂

圖 7.7　2012 年 7 月白銀期貨每日走勢圖

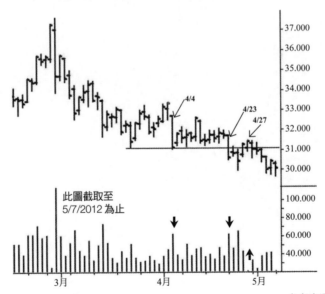

參考來源：TradeStation

部或底部形態的相似性，是最令人混淆的地方。在《盤勢判讀研究》中，威科夫寫道，吸收和分配代表一種市場中持續運作的對立力道[1]。我找不到威科夫對這個主題的詳細描述。提這件事是因為圖7.2所展現的價格行為，他肯定知道向上擺盪時，會有支撐線提高和交易量擴大的傾向，也知道當賣家正在吸收買家時，市場會傾向於緊抱低點。我在本章討論的其他線索，都是我自己的觀察，這些線索當中，「**無力回應位於高點的威脅性價格行為**」以及「**位於低點的失敗彈跳**」，就是吸收的**最佳指標**。

註1：Rollo Tape（筆名），《盤勢判讀研究》（伯靈頓，佛蒙特州：Fraser，1910年），第127頁。

第八章

圖表研究

Chart Studies

　　圖表研究中包含的技術性行為，大部分我們都已經討論過，但也包含了一些新教材。我們並不是要個別專注於吸收或彈跳，而是要將一切整合起來。我就是這樣將我的方法傳授給交易人：呈現一張圖表，接著提出一個問題：「你會做多還是做空？」

　　我在教的時候，呈現的情況必須是確實快要發生的。為了要讓研究誠實可信，有些圖表情況是無解的。這樣最好，因為事情很確定的話，我們就學不到東西。十四世紀的法師、《徒然草》的作者吉田兼好說過一句話，切中了這個主題的核心：「人生最寶貴之處在於它不確定。」不妨思考一下這句話，以及那些很講求確定性的領域吧。

　　在圖 8.1——路易斯安那太平洋公司（Louisiana-Pacific）每日走勢圖當中，重要的支撐線／壓力線給予框架，讓我們得以觀察買家和賣家之間的拉扯。這支股票在 2009 年 10 月 30 日達到 4.97 的低點，然後在 11 月 11 日回漲到 6.75。經過一次短暫的拉回之後，價格在第 1 天重新測試了 6.75 這個點，而我們的研究也從此開始。12 月中旬的次要拋售，位於 10 月低點的上方，而且相隔很遠。第 12 天述說了看漲的故事：外側向上反轉；價格在這天區間的頂部附近收盤，也是 8 個時段中最強勢的收盤；交易量也急遽擴大。從第 12 天到第 15 天的一整段漲勢，展示出上漲阻力放鬆以及積極的買進——需求已勝過供給。買家控制了局面。然而漲到第 18 天的高點時，交易量和每日區間都緊縮了。這表示需求已經變得疲軟，股價準備要修正了。

　　一條壓力線橫越了第 18 天的高點，接著 3 天後出現一條支撐線。從第 18 天到第 21 天的下跌，是在測試這次高交易量的突破。第 24 天、第

39天、第45天也出現了額外的測試。第24天和第39天低點之後的逆轉都有發生彈跳，但獲利都撐不久。吸收發生於第27天和第31天之間，價格傾向對壓力線施壓，直到價格在第32天跳空到這條線上方。但這次漲勢並不持久，第33天的高交易量和外側區間，都警告我們會有高潮行動，隔天有人積極賣出這支股票，於是它的價格回到第1天高點和第21天低點之間。請注意兩條線都位於第15天的垂直價格區間內。從第39天低點開始，這支股票回漲了3天，然後毫無預警地突然反轉向下。

　　有幾次價格擺盪適合進行短期交易，但最明顯的交易情況是在第45天的低點之後發展出來。此處，價格第一次下降到支撐線下方，再反轉到這條線上方收盤，而且比前一天的收盤還高。第45天的交易量，比

圖 8.1　路易斯安那太平洋公司每日走勢圖

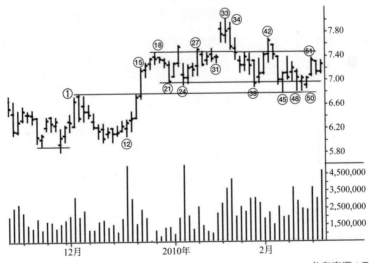

參考來源：TradeStation

第 24 天和第 39 天的穿透還低很多，這也使我們認為賣壓正在縮減。經過第 46 天的糟糕表現之後，似乎可能出現另一次拉回，但隔天價格反而繼續撐著。假如這張圖表結束於第 47 天，我們就會注意到沒有向下跟進，並且認為這次彈跳已經被測試。看起來應該要做多，然後設一個賣出停損點，稍微低於 6.75。

沒想到，這筆交易需要花更多時間發展。請看接下來 3 個時段的價格行為。每一天（48 到 50），這支股票都先跌到支撐線下方、測試第 45 天的低點之後，再回漲然後強勢收盤。3 天的收盤位置都聚在同樣的價格，凸顯出這支股票的行情看好，並揭露了潛在需求的存在；這個位置最適合做多。這支股票在第 51 天向上跳空，接著兩天都是價內交易日。交易量在第 53 天飆升，因為買家加足馬力。

我挑選這張圖表來研究，是因為它體現我最喜歡的結構：拉回時的彈跳，以測試突破。一開始是高交易量的加速突破（12 到 15），來到一條壓力線上方。從這次突破的最初高點（18）開始，價格修正後進入垂直突破區域，此處需求勝過供給，於是發展出一條新的支撐線（21）。到了某個時點，這條支撐線可能會發生彈跳（45）。如果價格已經緊縮（正如 45 和 50 之間那樣），那就很有可能發生看漲的逆轉。

圖 8.2──阿契煤業（Arch Coal）每日走勢圖當中，我們看到另一次拉回（15）在測試一個高交易量垂直區域（1）。最後，這支股票在第 15 天確實發生了最後一次彈跳，進而產生更大的回漲。但這項研究是在判讀價格條，**我們應該特別注意的是，能夠從「開盤價和高點、低點、收盤的關係」得到什麼推論**。第 1 天到第 3 天，開盤和低點都是一

致的，因為這支股票漲得很凶。然而到了第 4 天，這支股票在前一天上方開盤，然後反轉到其低點附近收盤：這是行為第一次變成看跌。第 6 天波動變大，這支股票在前一天低點下方開盤，反彈到第 4 天高點上方，然後在區間中點下方收盤，只賺了 12 美分。經過第 7 天的必然反彈之後，這支股票跌到第 9 天的短暫低點。接下來 4 個時段的價格都維持在第 9 天的區間內，因為交易活動平靜下來。第 13 天的開盤高於前 3 天的高點，接著跌破前一天的低點，最後收盤位置又更低。這個價外交易日表示價格很可能進一步走弱。

　　第 15 天收盤之後，價格變動就完全沒有看漲的跡象了。這支股票開低走高，一度超過前一天的收盤價，但最後還是在收盤時屈服了。隔

圖 8.2　阿契煤業每日走勢圖

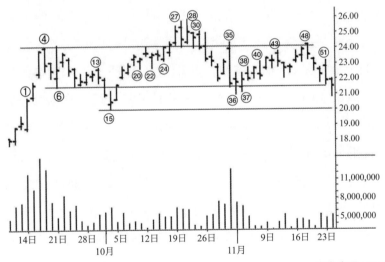

參考來源：TradeStation

天價格向上跳空，並且穩定上漲，最後強勢收盤。其中一次最強勁的彈跳，發生於一次向上跳空，緊接在一次令人洩氣的跌破（支撐線下方）之後。在漲勢之內，價格反覆向下跳空（第 20 天到第 25 天），但都回漲到每日高點附近收盤。持續上漲表示需求還是很強勁。

但這個趨勢在第 27 天改變了，此處價格先開高、再跌破前一個低點，最後以低價收盤：這是自從第 13 天以來，第一次外側向下反轉。第 28 天之後，看跌的景象更清楚了，可以看到跟第 6 天一樣的價格波動。第 30 天也發生類似的行為，但雪上加霜的是，這支股票在前一天低點下方收盤。隔天，股票遭受最大的拋售，價格暴跌到畫過第 4 天高點的軸線下方。這次跌破套牢了在軸線上方買進的做多者。這支股票後來回漲，以測試這條線（第 35 天、第 43 天、第 48 天），但開盤雖然很強，收盤卻很弱。

第 35 天的巨大區間和交易量都很顯眼，可能是走弱跡象或是高潮行動，沒想到幾乎沒有向下跟進，於是這支股票就穩定下來。一如往常，第 36 天的較高收盤，讓股價又稍微多走弱一點，但這次在收盤時回漲（不像第 30、31、32、33、35 天）。在上漲至第 48 天時，第 38 天、第 40 天、第 43 天的回漲都無法持續；你可能會推斷大型操作者正在用力脫手。第 48 天也一樣，但這次造成的傷害更大，因為漲勢沿著軸線下跌（如果我想對這張圖表做一次點數推算，那我應該會從 48 的高點做起）。第 51 天的反轉行動決定了看跌的故事。

威科夫的課程有幾個段落是在談美國鋼鐵公司，所以他應該會把圖 8.3 視為市場行為的傑作。簡單來說，我們在第 47 天看見買進高

潮，交易量是 6 個月內最大，而且區間拉長，變成 2008 年 12 月以來最大。接下來兩天的高交易量表示有供給存在，第 53 天發生一次低交易量的次級測試，隔天跌到第 53 天低點下方，表示買家已經不跟了。

　　威科夫應該會指出第 55 天「漲勢背後的支柱確定斷掉了」。穩定的供給在第 56、58、59、60 和 61 天都不停重擊價格。最後 3 天集合起來代表一次賣出高潮，最後出現推力縮短。從這個高點開始的下跌，已經回到這支股票在 12 月初趨勢變陡的那個點。第 66 天這支股票跌到支撐線下方之後，賣家無法讓價格繼續跌。增加的交易量告訴我們，需求已經再度浮現。接下來 3 個時段，這支股票在幅度僅僅 3 點的區間內交易，而升高的支撐線表示行情看漲。結果在第 70 天，這支股票真的漲到過去 5 天的高點上方。

　　威科夫的主要交易工具是電報紙條（他以此為根據製作波形圖）、點數圖，晚年則是附上交易量的長條圖。他用來描述股市活動的指標，是基於電報紙條每小時跑了幾英寸——這個概念很巧妙，但放在現在就不切實際了，因為電報紙條 1 小時的長度可能等於一座足球場。

　　圖 8.3 就是把「tick 差異」這個指標畫成直方圖，我相信威科夫會欣賞其價值（這張圖表用的是實際交易量，不是 tick 交易量）。它秀出每個時期上升和下降交易量的差異；並非所有讀數都有意義，所以我會更加強調較大的讀數。從第 1 天到第 47 天，淨買量支配了這段漲勢。第 46 天的狹窄區間，吸引到的交易量很少，但淨上升交易量是迄今最大的讀數。我會假設家大量湧入是空頭回補，而弱勢的做多者感覺到這支股票還會再漲。在第 48 天和第 49 天，淨下降交易量的大幅跳動表

示這支股票已經遇到供給；它增強了巨大總交易量的看跌訊息。第 53
天的較高收盤及淨上升交易量的飆漲，表示這支股票準備要漲到更高。
但第 54 天沒有跟進，使這支股票陷入危機。第 55 天，大局已定：下跌
阻力放鬆以及巨大的交易量。第 58 天出現巨大的交易量、下跌沒有阻
力，而且淨下降交易量大幅增加，因為做多者逃走了。賣出在第 59 天
達到最高點，交易量超過 4,500 萬股。也請注意這裡的巨大淨上升交易
量（120 萬股），這表示空頭回補和新的買進比多頭清算還大。

　　只有一條水平線畫過這張圖表，而且位於其中一個交叉區域。第 13
天的高點在第 24、25、26 天受到測試（也就是被交叉）。後來第 61 天

圖 8.3　美國鋼鐵每日走勢圖

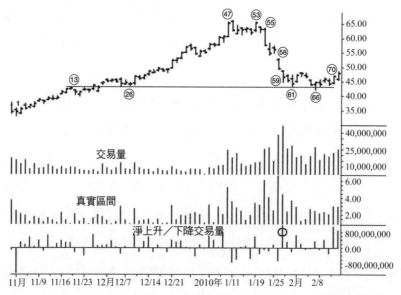

參考來源：TradeStation

和第 66 天之間，沿著這條線形成了支撐。在第 66 天，第 61 天的低點
被穿透，而這支股票反轉向上。為期 3 天的橫向變動在第 70 天結束，
這支股票在近期的高點上方收盤，而且淨上升交易量很大。隔天，同樣
巨大的上升交易量把價格推得更高。接著美國鋼鐵公司回到 2010 年 1
月的高點。

　　我在前一個研究中提到真實區間，但沒有多做解釋。在上升趨勢
中，真實區間包含了前一天收盤到今日高點的距離，因此真實區間也包
括缺口。下降趨勢中的真實區間則是前一天收盤到下一條長條低點的距
離。我已經講過，巨大的真實區間通常也會有巨大的交易量。我之前已
經展示過，真實區間可以代表交易量，尤其是那些拿不到交易量資料的
市場或收益指數。

　　圖 8.4 的每日英鎊／日圓交叉匯率就清楚說明了這一點。有一條細
線沿著 300 個 pip（點）[i] 的水準畫過整張真實區間直方圖。這種大小以
上的區間可用來定義變動阻力大小。13 天的區間是 300 個 pip 以上。其
中只有 3 天（7、11、70）的收盤比較高。第 25 天和第 58 天沒有寬區
間，但它們在判讀圖表時扮演了重要的角色。

　　從第 1 天開始，我們看到下跌阻力放鬆，緊接著是第 2 天的止跌行
動。第 2 天的收盤位置表示買家浮現了。第 7 天的區間拉長是高潮，而
第 9 天的大量賣出壓低了匯率。隔天賣壓就停止了，交叉匯率在第 25

---

i 點變動值（percentage in point），外匯匯價的變化單位。

天稍微漲到新高，區間變窄。第 26 天的走弱和缺乏跟進，警告我們會發生上推，而第 27 天又有新的供給襲來。接下來 12 天，買家試圖吸收上頭的供給，但沒有成功。接著在第 39 天和第 42 天發生了急邊的向下反轉。

　　第 46 天有人嘗試彈跳，但接下來兩天得到的回應很弱，跌跌撞撞。這兩個收盤很慘的狹窄區間，提供了理想的做空機會。第 49 天的大跌破，必定伴隨著巨大的交易量。第 49 天和第 50 天都被那條畫過第 2 天低點的線條支撐著；但是，雖然這兩天的行動暫時止跌，但也預示接下來會更加走弱。反彈到第 58 天的過程中，每日區間（應該說交

圖 8.4　英鎊／日圓每日走勢圖

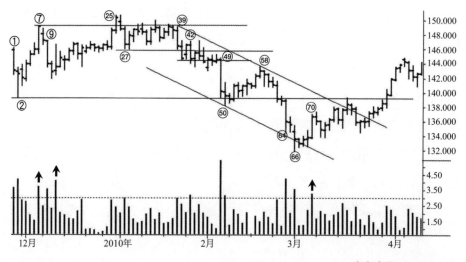

參考來源：TradeStation

易量）都維持在 250-pip 以下。現在這波回漲已經測試過跌破點，而且不願意繼續漲。下跌阻力放鬆始於第 62 天，並於第 64 天和第 66 天加速。交易量在這波跌勢的低點必定會達到高潮。這一對貨幣也在下降趨勢內抵達超賣位置。第 70 天扭轉了趨勢。此處出現第 7 天以來上升長條上最寬的區間。兩個買進的點分別是第 66 天的賣出高潮，以及第 72 天和第 73 天的拉回。

我之前提過，外匯交易人沒有實際交易量資料，但他們確實能取得當日圖表上的 tick 交易量。tick 交易量是測量特定時期內的交易次數，不會揭露每次交易的合約數，因此它真的反映了交易活動。在英鎊

圖 8.5　英鎊／日圓 5 分鐘走勢圖

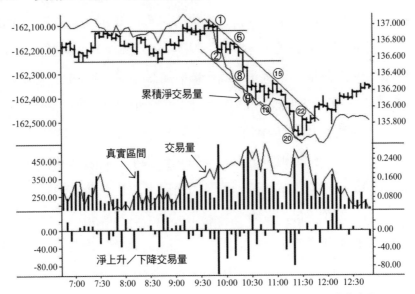

參考來源：TradeStation

／日圓交叉匯率的 5 分鐘走勢圖（圖 8.5）上，我已經把 tick 交易量畫成一條線，位於真實區間直方圖的上方。你可以一眼看出真實區間的高峰與谷底，跟 tick 交易量是吻合的。我已經在真實區間下方放了淨上升／下降交易量的差額，這些差額的累積線畫在長條圖上方，展現淨交易量的趨勢。這條累積線會因為平衡交易量而有差別，而平衡交易量取決於上漲或下跌收盤。

圖 8.5 秀出 2010 年 3 月 8 日的英鎊／日圓交叉匯率。此處我們看見一個早上出現的交易區間，在長條 1 之前的時期中，被一次上推給終結了。長條 2 是行為變成看跌，區間變寬到 30 個 pip，淨下降交易量增加到 −99 個 tick，而總 tick 交易量等於 441。這 3 個讀數都是迄今新高。

長條 3 和長條 6 之間無力回漲，這兩條小下降長條的淨下降交易量還是很大。長條 8 和長條 9 區間底部失守，寬區間和大交易量表示供給已經勝過需求。長條 11 形成暫時的支撐，這條長條的低點被長條 13 穿透，此處 tick 交易量為這天最大（546）。讓市場下跌的巨大力道，以及長條 13 在區間中央收盤，都表示可能會發生彈跳。但這次彈跳在長條 15 被下降通道的供給線擋下，而交叉匯率在接下來 6 個時期的收盤越來越低。巨大的區間和淨下降交易量，預告了下降通道底部的高潮行動（長條 20）。需求在長條 22 浮現，這裡出現了跌勢開始以來，上升長條中最大的真實區間。這種行為變化提供了低風險的買進機會。從長條 1 到長條 22 的拋售期間，只出現了 7 條上升長條。因為這 7 條長條的淨上升交易量，跟淨下降交易量相比實在太低，所以累積淨交易量的趨勢緊跟著價格。有趣的是，2010 年 3 月 8 日相當於圖 8.4 的長條 71。

第九章

盤勢判讀 第一部分

Tape Reading Part I

　　威科夫在他的自傳中說過，他是怎麼開始研究盤勢。他觀察到當時某些最大牌的交易人，都獨自坐在辦公室內，安靜讀著電報紙條；然後他意識到，邁向成功的祕訣，就是學習這項技術。他用一句話總結這個討論：「考慮到那些認為讀紙條是過時做法的人，我可以斷言，讀紙條的知識是華爾街交易人所能具備最寶貴的才能。」[1]他補充道：「假設我現在能重新開始我的華爾街生涯，且不忘它40年來教了我什麼事，首先，我應該要親自投入這項以股市本身的行為來判斷、預測股市的事業。」[2]

　　為了讀紙條，威科夫發明了波形圖和包含交易量的特殊點數圖。所以威科夫課程第一章（內容為圖表討論）的標題叫做「買波和賣波」，絕對不是巧合。這章開頭他就告訴學生，今後要「以波思考」。

　　我從來沒看過電報紙條上的訂單流。我投入期貨事業的頭兩年，所有圖表都是手繪的。繪製當日圖表的工作，涉及點數圖的維護，或是在一面牆壁般大小的報價板上，用可動零件將價格變化建構成一張每小時圖表。我們打電話給交易大廳，然後有人會唸出黑板上（所有價格資料都貼在上面）的每小時交易量。由於工作性質，42年來我一直都站在市場的前線。

　　買家和賣家陷入永恆的支配權之爭。在翹翹板之戰中，買波之後

註1：理查・威科夫，《華爾街的投機與冒險》（紐約：Greenwood Press，1968年），第178頁。
註2：同上，第179頁。

緊接著是賣波，直到其中一方占上風。這可以比喻成比腕力，其中一個人想要勝過另一個人的力道（「吸引力」），假如我們可以將電極接上選手的手臂，並觀察血壓、鈉水準、膽固醇之類的生理讀數，就能找到關於力道的細微跡象，它們會透露哪一邊正在占上風。盤勢判讀也一樣，我們會判斷投入的量（例如交易量）、投入的報酬、變動阻力等，以判定趨勢中的短期和居間變化何時即將發生。當日圖表最適合用來尋找短期趨勢反轉，訣竅在於以「最準確的價格／交易量行為概況」為基礎來使用當日圖表。

　　在早期華爾街，所有當日資訊都會傳送到電報紙條上。點數圖在技術交易人之間是很普及的。假如有人畫出一支股票中每 ⅛ 點所產生的波動，就可以重現一整天的價格行為。一個人光是從點數圖就能看出支撐和壓力水準、畫出趨勢線和通道，以及推算價格。雖然這是很實用的資訊，但只有交易量才能有邏輯地述說市場發生什麼事，並且在轉折點時警告大家。尼爾在 1931 年寫得恰如其分：「**盤勢判讀取決於我們對交易量行動的考量……交易量行動告訴我們供給和需求；但價格只能表示交易量的價值。**」[3]

　　為了追求更準確的單一股票當日價格行為概況，威科夫發明了交易量數字圖；交易量數字圖的粗糙草稿首次出現於《盤勢判讀研究》[4]，

註 3：韓佛瑞‧尼爾，《盤勢判讀與市場戰術》（伯靈頓，佛蒙特州：Fraser Publishing，1970 年），
　　　第 118 頁。
註 4：Rollo Tape（筆名），《盤勢判讀研究》（伯靈頓，佛蒙特州：Fraser，1910 年），第 124 頁。

幾年後，威科夫寫了一份盤勢判讀課程，其中詳細討論了交易量數字圖（改名為盤勢判讀圖）。由於我自己建構的波形圖（叫做「維斯波」〔Weis Wave〕）就是從威科夫的盤勢判讀圖延伸出來的，因此很適合當成起點。

圖 9.1 是威科夫交易量數字圖的重製版，它秀出 1932 年 6 月 2 日 AT&T 的所有變動。這包含在威科夫原版的盤勢判讀課程內，如今在亞利桑那州鳳凰城股市研究所還找得到（但經過修改）。我們立刻就會注意到，正常點數圖上會出現的「x」和「o」不見了，取而代之的是數字，代表每 ⅛ 點的波動交易了幾百股。每當同一價格發生連續交易，威科夫就會把交易量加總起來。我們看到 6 月 1 日 AT&T 在 85⅛ 收盤，交易量總共是 2,300 股；收盤價跟隔天的開盤價一樣，被圈起來當作參考。6 月 2 日這支股票向下跳空到 84¼，交易量為 3,100 股。85 和 84⅜ 之間的「0」表示沒有發生交易。接下來的交易如下展開：400@84⅛…600@84…1,100@83⅞。第一次上升是來到 84，交易量為 300 股。緊接著就下降到 83⅞，交易量為 100 股。

請注意，後面這次交易並不是標在另一條縱列，而是標在前面的交易下方，因此在同一條縱列產生了一次上升和一次下降。這就是威科夫的創新之一。任何縱列都不能只包含單一數字、「x」或「o」。這是點數圖的獨特特性，此處方框尺寸和反轉單位是一致的（也就是比例為一比一）。1×2、1×3、1×6、2×8、2×6、5×15、100×300 或任何反轉單位大於方框尺寸的組合，每條縱列上的標記必定超過一個。

賣波持續下去，賣家出價為 900@83¾ 和 800@83⅝。83¾ 有 200

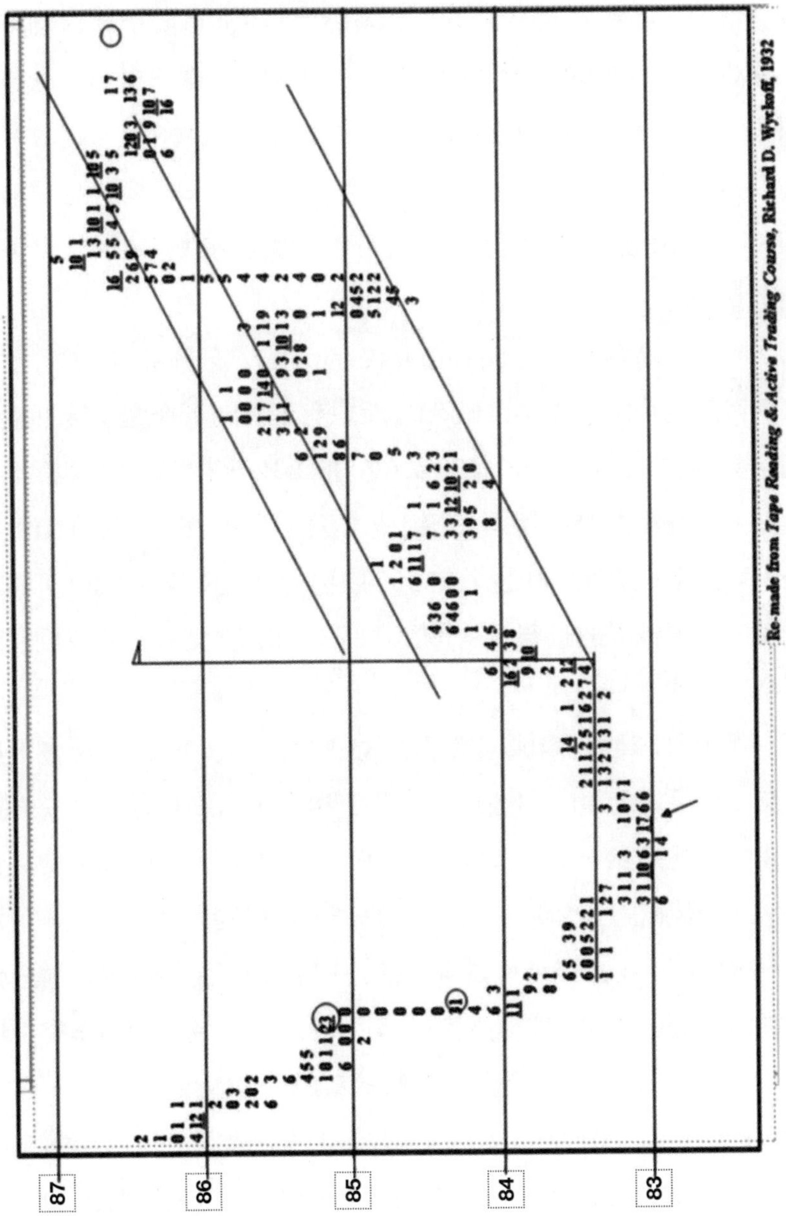

図 9.1　AT&T 盤勢判讀圖，1932 年 6 月 2 日

Re-made from *Tape Reading & Active Trading Course*, Richard D. Wyckoff, 1932

股的少量買進，而跌到 83¼ 時的交易量總共是 1,400 股。在這個時點，交易緊縮成一個 ¼ 點的區間。從上次上升（83⅜，交易量為 100 股）開始，這支股票跌了半點、來到 82⅞，總交易量為 1,400 股。從 6 月 1 日下午 2 點 30 分開始的跌勢內，這支股票有兩個小橫向變動區。第一個區域在 85 價位附近形成。當價格在 6 月 2 日開盤時跌到這個低點下方，下降趨勢就加速了。

第 2 個交易區間是沿著 83¼ 這條線在其上方形成的。我們一定會注意到，到目前為止這支股票跌破 83¼ 時只有稍微向下進展。接下來的上升波動讀數為 100@83…100@83⅛…700@83¼，標明了這天第一次回漲（⅜ 點）。賣家並沒有撤退，接下來兩次下降的交易量為 1,100 股。300@83⅛ 之後，又有 700 股（先 300 股再 400 股）交易量重新測試這天的低點。針對低點的最後一次測試，只有 400 股交易量。我們或許會推斷賣壓正在減少。

下一次上升時行為變成看漲，在 83 交易了 1,700 股（圖表上最大的上升交易量）。隨後的回漲在 83¼ 遇到壓力，這裡也是前一次向上擺盪（從 82⅞）的高點。下一次向下變動時，AT&T 跌了 ¼ 點，交易量為 1,300 股。此處雖然力道很大，卻沒有報酬。市場看似處於困境，但這支股票向上跳到 83⅜（總交易量為 400 股），抵消了之前所有向下變動。

有許多證據顯示趨勢即將反轉：第 2 個擁擠區域下方的微幅進展，表示向下動力正在減少；最後一次測試低點時的交易量變低，表示賣壓正在疲軟；一次上升時的交易量大增（1,700 股），透露出需求的存在；最後一次跌破（跌到 83）未能吸引新賣家，而毫不費力的回漲並

遠離低點，表示賣家沒力了。

　　威科夫讀這張圖表的時候說道，等到 82⅞ 的最終測試和隨後回漲到 83¼ 之後，就該將任何空頭部位的停損點降到 83¾，並在同一個價格設置買進停損點以準備做多。他的賣出停損點設在 82⅝，比這天的低點低了 ¼ 點。他注意到沿著 83 和 82⅞ 線條交易的 6,300 股，以及這支股票經過兩次測試低點之後仍然不願讓步。一旦價格回漲到 83¼，這6,300 股就被視為單日交易脈絡中的潛在累積量。

　　這支股票回漲到 83⅜ 之後，接下來 18 次價格變動都被限制在一個狹窄區間內。這支股票不願意下跌，表示它已經位於大漲的跳板上了。它從 1,200@83½ 開始一直漲到 84 而沒有中斷。這次突破總共挾帶著 4,500 股。這次上漲阻力放鬆伴隨著交易量的增加，是強勁力道的訊號，會從底部開始上漲。

　　因為威科夫的盤勢判讀圖建構起來很像點數圖，所以它可以用來推算價格。就跟任何點數圖一樣，你要算出沿著一條擁擠線標示出來的方框或交易數量，再將總數乘以反轉單位。這張 AT&T 圖表是 ⅛×⅛，因此方框數量就要乘以 ⅛（如果是一張 1×3 點數圖，那麼擁擠區的長度就要乘以 3）。從 83⅜ 線條上最後一次下降（400 股）開始，由左數到右，總共有 24 個方框：24×⅛=3；3+83⅜=86⅜。

　　點數圖的計算純粹是機械式的，並沒有魔力，有時準確無比，有時卻又錯得離譜。交易不應該只因為點數圖的計算而建立，它們代表潛力。點數圖上的擁擠區理論上描述了成因或準備的數量（它們是為了潛在變動而建立），當點數圖計算完成之後，當沖交易人或波段交易人可

能會想調整停損點、了結一部分獲利，或只是更警戒結束動作的跡象。

突破到 84 之後出現了主動的「打氣」行動，下跌到 83¾ 時有 1,200 股的交易量，反彈到 84 時有 700 股，跌到 83⅞ 時有 800 股。這個行動的成因包括：有些做多者迅速獲利了結；在開盤買進的買家清算持股（他們很慶幸自己彌補了大部分的初期損失）；以及針對開盤高點的新賣空，希望能有另一波向下擺盪。這支股票面對這波賣出卻幾乎沒有讓步，表示買家正在 84 價位附近吸收供給。

下一次向上擺盪將這支股票帶到 84⅜，總交易量為 1,600 股。緊接著發生另一次淺修正，後來在 84⅛ 結束，交易量為 100 股──這是自從股票離開 83⅜ 擁擠線之後，第一次以 100 股的交易量下跌，反映出缺乏賣壓。賣家的出價從 84⅛ 提高到 84½，而買家買了 600 股。買家在 84⅝ 買進 100 股，後來股價下跌到 84½，交易量為 1,100 股。

後面這筆交易吸引了盤勢判讀者的注意，因為它在開盤之後不久就釋出大部分的賣量。它警告大家，這支股票正在開始遭遇供給。供給或許是來自做多者的獲利了結，但我們並不知道。這支股票回漲到 84¾，交易量只有少少的 300 股。**向上進展縮短以及上升交易量縮減，表示需求正在疲軟**。盤勢判讀者將停損點提高到 83⅜。

快速下跌到 84½ 時並沒有供給，但需求在下次回漲時依然很弱（100 股@84⅝）。接著新供給浮現，這支股票跌到 84⅛，交易量為 2,000 股。一次 ⅛ 點的上漲之後，價格緊接著跌到 84，交易量為 1,700 股；但這次投入的報酬極少，因此我們推斷有人買進。下一次回漲從 84 漲到 84½，交易量為 1,900 股；這表示需求正在成長。隨後向下擺盪到

84 時，總交易量是 2,200 股。沒有向下跟進，再度表明有需求存在。

　　我們在之前的圖表研究中看過，價格經常拉回以測試之前需求勝過供給的高交易量區域（也就是從 83⅜ 回漲到 84）、或是買家吸收上頭供給的位置。從 84 猛力回漲到 84⅜ 之後，跌到 84¼ 時只有 100 股交易量。賣出的力道已經耗盡——這支股票再度準備要回漲。（「任何能夠發現這些重點的人都是贏多輸少。」）上漲到 84⅜ 時可以額外購入股票，而且所有停損點都提高到 83¾。說句公道話，威科夫並沒有提到加購股份，也沒有討論點數計算。

　　這支股票垂直上漲到 85¼，總交易量為 3,300 股，買家壓過了賣家。我們現在可以從上個低點（83⅜）到最近的低點（84）畫一條上升趨勢線。一條平行線畫過居間的高點（84¾）。但漲勢的陡峭角度，已經驅使價格超過上升通道的供給線，創造出超買狀態。這支股票無視通道，在一次無關緊要的拋售（跌到 85）之後繼續上漲。這次向上擺盪來到 85½，總交易量為 1,600 股。需求稍微減弱，但沒有供給的跡象。下跌到 85⅜ 時沒有壓力，但需求在下次向上擺盪時顯然已經疲軟：100@85⅝…100@85¾。賣家秀了一下自己的力量，因此這支股票跌了¼ 點，總交易量為 800 股。新的 1,500 股買單重新測試了這個高點，但這次投入沒有報酬。85⅜ 線條附近的支撐無關緊要，很快就讓步了，於是這支股票下滑到 85⅛，交易量為 1,000 股。買家試圖吸收賣出，於是雙方發展出拉扯。買家做出最後一搏，在 85⅝ 買進 300 股，然後價格跌了 1⅛ 點，來到 84½。

　　關於這次拋售，威科夫寫了一句話：「下跌時的壓力並沒有輕重之

分；它是一種正常反應。」他認為這次下跌很「正常」，因為回跌幅度並沒有超過漲勢（從 82⅞ 開始）的 50%。但其實很接近了。沿著 85⅝ 線條的 7 個標記，可進行點數計算，得到的結果是下跌到 84¾；但這個計算稍微超過了一點。這次下跌沿著上升通道的需求線停了下來。

此外，前一個壓力區（84¾ 和 84⅝ 之間、垂直價格漲勢之內）上方形成了支撐。在一次令人聯想到剖面分析的陳述中，威科夫把盤勢判讀圖形容成「特別寶貴、能夠秀出各種水準下的股票數量」。85⅜ 上方的總交易股數是 8,300。如果在 83 和 82⅞ 之間交易的 6,300 股，可視為次要的累積，那麼 8,300 以上的巨大交易量就可視為分配。鑑於這次停止動作，加上這支股票在上升通道內的超買位置，當價格最後一搏回漲到 85⅝ 之後，84⅜ 時的第 2 次買進就應該要獲利了結。

從 84½ 的低點開始，能夠反應的時間非常少。先反彈到 84⅞ 再下降到 84¾，導致垂直上升到 86½。一旦這次垂直起飛開始加速，我們就會將原本買進時的停損點提高到 84¾。我們也會畫一條平行線橫越 85¾ 的高點，藉此拓寬上升通道。但在 86½ 已經存在超買狀態。漲勢的陡峭角度、垂直上漲時的 5,200 股總交易量以及超買狀態，都意味著高潮行動（請注意這 5,200 股的交易量中，有 2,300 股出現於 86 上方，表示這支股票正在開始遭遇賣出）。假如這個多頭部位沒有立刻賣掉，那麼停損點應該提高到 85⅝，剛好在前一個高點（85¾）的下方。

接著，這支股票跌到 86，先後售出了 600、700 和 200 股。請仔細觀察最後一波漲勢（到達 86⅞）的特性。4,400 股的總交易量只獲得 ⅜ 點的報酬，當向上推力縮短、交易量增加，我們就知道價格已經遇到賣

出。除非你有更大筆的交易、在這張圖表上看不到，否則建立在 83⅜ 的交易應該要處理掉。威科夫在他的評論中提到在 86½ 以上交易的 10,000 股（發生於 86⅛ 的修正之前）。交易量增加，交易人在收盤時打平了他們的部位，但向下進展極少。修正很淺，證實買家吸收了新供給，而這支股票在 6 月 3 日回漲到 89½。

　　威科夫交易量數字圖的作用，是判讀流進一支個股的當日訂單流。為了追蹤更廣泛的市場，威科夫畫了一張包含 5 支主要股票（皆來自不同類別）的當日波形圖，計算這些股票在一個交易時段起伏時的合計價格。如此畫出來的波形圖，將每天拆解成分開的買波和賣波。威科夫比較了這些波形的長度、持續時間、交易量和活動，以確定最主要的趨勢，並找出趨勢變化的早期線索。我們在交易量數字圖上觀察到的行為，也可以在波形圖上找到。你可以看見向上或向下推力縮短、變動阻力、停止交易量、趨勢線與支撐線／壓力線的互動等。雖然威科夫的市場龍頭波形圖（如今被稱為威科夫波）仍保存於股市研究所，但它幾年來已經出現許多變化。然而，隨著股票指數期貨問世，似乎就不怎麼需要市場龍頭波形圖了。

　　不過，**波形圖在研究個股或期貨時還是很實用**。威科夫在他的盤勢判讀課程中，建議大家要保留個股的波形圖，不過我在他的任何已出版著作中都找不到範例。正如接下來所示，單一股票或期貨合約的波形圖，可以透過每次價格變化建構出來。我實驗了交易量數字圖（或盤勢判讀圖），結果發展出一種將資訊轉換成波形的方法。

　　每當價格尺度等於市場的最小波動，波形圖和交易量數字圖之間

就沒有差別。第一次實驗「製作波形圖」這個主意時，我將威科夫的
AT&T 交易量數字圖轉換成一條連續的線。這樣就排除了「同一條縱列
同時有上升和下降」這種模擬兩可的情況。更重要的是，這樣讓我能夠
加總「擺盪幅度大於 ⅛ 點時的交易量」，進而更清楚描述股市遇到供
給和需求的位置。然而有個缺點，就是這個修改會放大圖表尺寸。對現
代市場來說，每天有數千次價格變化，所以這樣的圖表很不切實際。

　　我最後的詮釋呈現於圖 9.2，高交易量區域非常顯眼。我立刻就決
定要過濾一些資料，而最簡單的資料過濾方法，就是放大最小的波形。

圖 9.2　修改後的 AT&T 盤勢判讀圖，1932 年 6 月 2 日

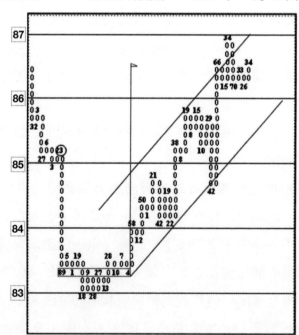

我將交易量數字圖修改成波形圖（尺度為 ⅛ 點，波形或反轉單位為 ¼ 點），這樣就能過濾一個波形內所有 ⅛ 點的反應，排除「同一條縱列上同時有上升和下降」的情況，並且縮小圖表尺寸。它就像一張 ⅛×¼ 的點數圖，方框尺寸是 ⅛，反轉單位是 ¼，這樣一來資訊就更清楚了。

　　在這張圖表的輔助之下，整個故事躍然紙上。首先，我們看到有 2,800 股測試這天的低點，雖然力道很大，卻沒有獲得向下跟進。接下來兩波回漲（2,700 和 2,800 股）表示有人積極買進。5,800 股突破使價位來到 84，也開啟了漲勢。後來 4,200 股拋售後又回到 84，賣壓在 2,200 重新測試時只剩一半。下一波漲勢來到 85¾ 時，上升交易量（1,900）跌到漲勢開始以來的最低水準。這警告我們，價格很快就會向下反轉。3 個波形之後，價格上漲到 85⅝ 時，更大的 2,900 股交易量展現出巨大的買進力道，但沒有報酬。這也表示即將發生拋售。

　　雖然這張圖表是用 1932 年的價格／交易量資料製作的，但過去 80 年來，行為並沒有改變。看著同樣的行動在這些圖表上一再重演，真的很有趣。雖然我曾因此被嘲笑過，但我還是想將這種重複行為的美感比喻成日出和日落。

　　在第十一章當中，我們在這裡討論過的所有行為，將會出現在股票、期貨和外匯圖表上。雖然威科夫 ⅛×⅛ 交易量數字圖上更細微的資訊，這裡可能沒提到，但只要能熟練的判讀價格／交易量行為，應就能輕易解讀圖 9.2 並交易。

　　正如我們所見過的，威科夫的交易量數字圖是由每一筆交易建構出來的。在 1990 年代，我們無法取得債券期貨的逐筆交易量資料，於是

使用 tick 交易量，所以數字非常小。為了替每筆交易定出一個交易量，
我決定把當天每筆「交易」視為「每一分鐘時段結束後的收盤」。這樣
我為了建構這張圖表（只有日間時段）所須調查的資料，就會限制在
400 次價格變化（也就是每天 400 分鐘）；而更重要的是，這麼一來，
每次價格變化都會有一個交易量讀數。

接著，我製作一張資料表單，列出每個交易時段內的 400 分鐘。每
當同樣的價格連續出現，就把交易量加總起來。假如你從「1 分鐘收盤
價」建構一張交易量數字圖、而且沒有收盤連續收在同一個價格的情
況，可想而知，一個時段將會出現 400 個資料點。雖然這在統計上有可
能，但從未真正發生過。

圖 9.3 就是用「1 分鐘收盤」建構出來的 ½×½ 盤勢判讀圖範例。
由於它的尺度和反轉單位的比例是一比一，所以上升和下降可能發生於
同一條縱列，就跟圖 9.1 一樣。以下清單（紙條）逐項列出了 1993 年
12 月的債券合約，在 1993 年 11 月 29 日早上 7 點 20 分到早上 8 點 48
分之間（美中標準時間）的價格變化。前一天這張合約在 11603 收盤。

7:20 11612-6：這張合約從 11603 向上跳空到 11612。由於開盤價延
續前一天的上漲，所以我們在同一條縱列內標記「0」以反映出缺口。

7:21 11611-11：我們在下一條縱列標記這次下降。

7:22 11613-10

7:23 11613-12：只有在價格變化發生之後，我們才會填入標記，
因為有可能連續好幾次「1 分鐘收盤」都收在同一個價格。如果發生這

圖 9.3　1993 年 12 月債券 One Tick 盤勢判讀圖

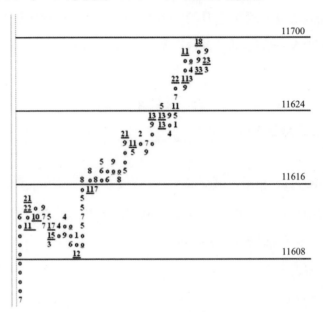

種狀況，請標出總交易量。請在上一個標記（11611）上方填入交易量（22）。記住，一條縱列必定至少有兩個數字。由於我們在這條縱列中只有一次下降（到11611），所以請在上方填入上升的數字。

7:24 11614-11

7:25 11614-10

7:26 11612-10：這次價格變化之後，我們在 11613 的 22 個 tick 上方，在 11614 填入 21 個 tick。1993 年，任何熟悉當日債券交易量的人，都會把過去 4 分鐘的急遽增加，視為開盤漲勢已經自然結束的證據。巨大的買進力道，只讓價格比開盤高點高了 $\frac{1}{32}$。

7:27 11613-9；*7:28 11612-7*；*7:29 11611-7*；*7:30 11612-5*：自從11614的高點之後，兩次上升時的交易量（請見下面畫線的時間），分別減少到9和5。盤勢判讀者會注意到這些上升時的需求，這表示拋售尚未結束。

7:31 11611-11；*7:32 11611-6*（總交易量17）；*7:33 11610-9*；*7:34 11610-6*（總交易量15）；*7:35 11609-3*：有一陣賣出，總下降交易量為35。

7:36 11611-4；11610填入一個「0」。

7:37 11610-3；*7:38 11610-4*；*7:39 11610-2*（總交易量9）：下跌到11609之後，交易活動已經慢下來。

7:40 11612-4

7:41 11609-6

7:42 11610-1：11609的線條已經被測試兩次。如果在當時，我們應該會畫一條支撐線橫越11609的水準。交易量還是很少，這表示賣壓正在縮減。從11614畫過上次上升的頂點、來到11612的次要下降趨勢線，產生了一個楔形或尖端。價格擺盪緊縮成這樣的形態，警告我們這個僵局很快就要結束。

7:43 11608-6；*7:44 11608-6*（總交易量12）：12月的債券穿透了11609的支撐位，讓賣家暫時取得優勢。從11614這個高點拋售到11608，已經花了24分鐘。請觀察接下來5分鐘的行動。

7:45 11611-5；*7:46 11612-7*；*7:47 11613-5*；*7:48 11614-5*；*7:49 11616-8*：沒有向下跟進，價格大幅漲到新高。這次輕易的向上變動，

預告行為將會變成看漲，於是盤勢判讀者會買進債券。賣出停損點則設在 11607。

　　上漲到 11616 之後，債券價格就撐在前一個高點（11614）上方，不給任何人便宜買進的機會。漲勢像階梯一樣持續下去。一陣交易量（21 個 tick）暫時停止了 11621 的漲勢。推到 11624 上方的第一波力道遭到阻撓，因為做多者通常會價格增加 ¼ 點左右時獲利了結。一旦獲利了結被吸收，價格就從 11621 漲到 11630（8:21 到 8:31），期間只發生一次下降。市場接近 11700 時，誘使更多人獲利了結。債券已經幾乎漲到從上次修正低點畫起的上升通道頂端。此外，橫越 11527 線條的點數推算，大部分都完成了。但我們沒看到供給勝過需求的證據。現在我們要從 8:31 的高點（11630）判讀盤勢：

　　8:32 11628-4；8:33 11627-3：這次低交易量修正沒有反映出積極的賣出。

　　8:34 11628-7；8:35 11628-8；8:36 11628-4；8:37 11628-8；8:38 11628-6：市場交易了 5 分鐘，價格只漲了 ½，儘管這個時段的交易量是這天最大（33）。「1 分鐘收盤價」聚在 11628，表示市場難以向上進展。

　　8:39 11629-9；8:40 11631-8；8:41 11631-10（總交易量 18）：從 11627 這個低點開始，債券漲到 11631，比 8:31 的高點高了一個 tick，總交易量為 60：力道很大，但報酬很小。這波漲勢漲了 ½，但只比上個

高點高了½。交易量比「從 11608 到 11616 的漲勢」以及「從 11621 到 11627 的漲勢」還大。面對這麼大的力道卻沒有向上進展，表示債券市場遇到供給了。我們應該將多頭部位的賣出停損點提高到 11628，或是立刻了結這次交易。現在出現了第一個證據，顯示賣家正在勝過買家。

8:42 11630-9

8:43 11629-3；8:44 11629-4；8:45 11629-8；8:46 11629-4；8:47 11629-4（總交易量 23）；8:48 11628-3：11629 的總交易量，是 11 月 28 日以來，單次下降時最大的交易量。從 11631 到 11628 的拋售，伴隨了 11608 低點以來的最大交易量。

若想製作一張債券的½交易量數字圖，就需要一張「1 分鐘收盤和交易量」的資料表單，加上一張格子大到足以填入交易量數字的圖紙。任何有耐心製作這種圖表、並且努力研究當日價格變動的人，都能學到許多市場運作的相關知識。雖然修改了不少，但這張圖表背後的概念仍是源自威科夫的盤勢判讀課程。然而如果想解讀它，重點多半在於簡單的邏輯，而這是可以透過研究和觀察學會的。**只要以邏輯來判讀盤勢，你就能獲得一種接下來會發生什麼事的預感。**

在圖 9.3，請觀察從最後一個低點（11621）開始的漲勢，交易量等於 4 個 tick。從這個低點開始，債券價格漲了%，期間只有一次下降。推力在最後一波漲勢縮短，而其交易量為 60，是這天最大的讀數。下一波跌勢的交易量為 35 個 tick，是這次彈跳低點以來最大，就算不是火箭科學家也能讀懂這個訊息。

在《盤勢判讀研究》中，威科夫寫道：

盤勢判讀就是連珠炮一般的常識……盤勢判讀者的目標是從接連發生的每筆交易（也就是市場這個萬花筒的每次變化）做出推論；掌握新的情況，讓它像閃電一般通過腦中的磅秤，進而想出一個決策，再冷靜又準確地執行它。[5]

威科夫在他的自傳《華爾街的投機與冒險》說道：

自我訓練並應用《盤勢判讀研究》中建議的方法，其目的在於發展出直覺的判斷力（這是我強調的重點），只要你每週花 27 小時讀紙條，並且持續好幾個月、好幾年，應該就能自然養成這種能力。[6]

他提到的「方法」就是他以邏輯判讀紙條的範例。我絕對不是在輕視他傳授的資訊。威科夫知道盤勢判讀無法簡化成一套具體的教學。這就像跳舞，你可以學會基本的舞步，但如果要認真跳舞，你必須對音樂有感覺。威科夫的盤勢判讀課程解釋了盤勢判讀圖的建構方式，還示範了這張圖怎麼跟市場龍頭的波形圖整合在一起。當威科夫開始研究市

註 5：Rollo Tape（筆名），《盤勢判讀研究》，第 10 頁。
註 6：理查·威科夫，《華爾街的投機與冒險》，第 176 頁。

場時，道瓊或其他指數沒有當日報價，每個交易時段結束時的單一收盤數字，就是單日績效的唯一計量單位。正如之前提過的，威科夫製作了五、六支主要股票的波形圖，他在買波和賣波上標出交易量，因此這張圖非常適合用來判斷整個市場的狀況。有趣的是，威科夫選擇用波形圖呈現資料，而不是使用 5 分鐘或 60 分鐘的長條圖。盤勢判讀者將會知道價格變動是以波形發展，而不是以均等的時段發展。

　　一整張 ½₂ 債券交易量數字圖，如果用來展示價格歷史的演變，就會過於不便。但假如我們將反轉單位改成 ³⁄₂，我們就能減少每天的波形反轉數。比方說，1993 年 11 月 29 日的完整 ½₂ 圖表，總共有 258 個波形（最大值為 400 個波形）。在圖 9.4 中，修改後的反轉單位大小，將反轉數（也就是波形）減少到 32。這張 ³⁄₂ 波形圖跟圖 9.3，都是從同一組「1 分鐘收盤」建構出來的，它述說了一段精彩的故事。我們可以看到 11631（60）的向上推力縮短和交易量減少；跌至 11627（62）和 11626（119）的波形浮現了供給；位於 11700（48）的最後高點出現上推，需求很弱；拋售到 11621（290）時發生高交易量跌破，供給勝過需求；以及兩波來到 11628（48）／（7）的漲勢，發生了低交易量次級測試。從這個時點開始，賣出的力道穩定壓過買進，債券價格整個時段都在走低。在一個圖表格子內寫下三位數的交易量，是很不切實際的。下一個調整很簡單：把交易量畫成直方圖，位於對應的價格變動的下方。

　　現在我們已經知道製作波形圖的基本要素，那我們就來練習「判定波形與其交易量，並將它們畫在圖表上」的技術。若要畫 ³⁄₂ 波形圖，我

圖 9.4　1993 年 12 月債券 Three Tick 盤勢判讀圖

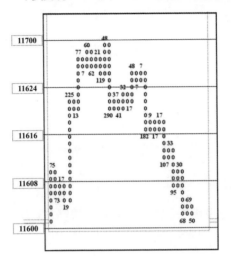

們先從一張名為「1 分鐘紙條」的工作表開始。它只是一張表格，列出每分鐘的收盤價和它對應的交易量。跟之前一樣，當一個時段沒發生交易，這個欄位就填上一條水平線。我們將要檢視 2001 年 9 月的債券，在 2001 年 6 月 15 日的價格變動。前一天，美東標準時間下午兩點之後不久，一波漲勢在 10123 達到高峰，接著價格下跌到 10118 收盤。下跌到 10118 時的總 tick 交易量是 160。假如價格在 6 月 15 日開盤時變低，從 10123 開始的下降波形將會持續，直到出現 ³⁄₃₂ 以上的反轉。6 月 15 日頭 11 分鐘的「紙條」讀數如下：

08:20 10112-10 170

08:21 12-8 178

08:22 13-11

08:23 11-12 201

08:24 12-3

08:25 12-4

08:26 13-3

08:27 13-3

08:28 13-3

08:29 10-11 228

08:30 18-7 7（圖9.5秀出這個時點的價格變動。）

頭一分鐘結束時，債券在10112跌了⁶⁄₃₂。這低於6月14日的收盤，所以我們繼續加總交易量。頭一分鐘內的10個tick，加進之前的總和160，新總和為170。第2分鐘結束時的價格10112，視為既有下降波形的一部分，而它的交易量加進之前的交易量，新總和為178。第3個時段上升到10113，但不足以反轉下降波形。這個波形在第4個時段出現一個新低點。第3和第4時段的交易量，現在加進之前的總和，新總和為201。接下來5個時段，債券維持在一個狹窄區間內，交易量合起來為16個tick。假如第10個時段債券在10114以上收盤，沒算進去的16個tick將會成為新上升交易量的一部分。結果第10個時段反而下跌到10110，總交易量增加到228。

債券的08:30時段通常都是波動增加的時點，因為許多政府報告都在這時發表。其中顯然有些看漲的消息，因為價格漲了⁸⁄₃₂，來到

圖 9.5　2001 年 9 月債券 Three-Tick 波形圖

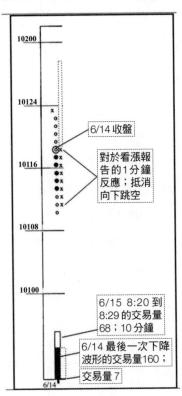

10118。這立刻改變了方向，而新的上升交易量是 7。接著一條線畫在08:29 這一列的下方，之前的波形就在這裡結束。由於資料有被記錄下來，所以持續加總是很實用的。請注意，「價格沒有持續下跌的那些時段」或是「位於既有波形低點的交易」並沒有加總，這些空白使我們感受到市場的步調。雖然這個資訊沒有很重要，但如果有人沒有觀察紙條、卻想了解這時段內的轉折點的買賣有多麼狂亂，那就很實用。市場

開盤很弱、並且向下跳空，但之後價格沒有狂瀉。如果在當時，這種資訊就會成為市場判讀的一部分。

以下是1分鐘紙條資料接下來51個讀數：

08:31 18-8 15	*08:48 23-2*	*09:05 25-6*
08:32 19-9 24	*08:49 24-5*	*09:06 25-6*
08:33 19-8 32	*08:50 24-4*	*09:07 25-2*
08:34 19-10 42	*08:51 24-5*	*09:08 25-2*
08:35 19-1 43	*08:52 24-2*	*09:09 26-2*
08:36 18-5	*08:53 24-4*	*09:10 27-3 23*
08:37 19-3 51	*08:54 26-2 135*	*09:11 27-4 27*
08:38 19-2 53	*08:55 28-4 139*	*09:12 26-9*
08:39 21-6 59	*08:56 28-9 148*	*09:13 27-3 39*
08:40 22-5 64	*08:57 29-7 155*	*09:14 27-2 41*
08:41 22-4 68	*08:58 —*	*09:15 30-10 51*
08:42 24-7 75	*08:59 28-10*	*09:16 31-11 62*
08:43 24-7 82	*09:00 27-3*	*09:17 10200-10 72*
08:44 24-10 92	*09:01 26-7 20*	*09:18 30-8*
08:45 23-5	*09:02 25-11 31*	*09:19 30--4*
08:46 25-8 105	*09:03 24-5 36*	*09:20 29-7 19*
08:47 23-6	*09:04 25-3*	*09:21 27-12 31*

（圖9.6畫到9:21為止。）

08:30 時段開始的上升波形持續了 28 分鐘。總交易量為 155，而市場價格漲了 ¹⁹⁄₃₂。請注意上漲的步調：這 28 分鐘當中，有 19 分鐘價格為上漲或維持在波形的高點。所以這個上升波形很穩固。直到 9:01 時段，債券下跌 ³⁄₃₂ 來到 10126，我們才知道上升波形已經結束了。到了那時，我們應該已經更新我們的圖表。從 10129 開始的拋售，只持續

圖 9.6　2001 年 9 月債券 Three-Tick 波形圖 2

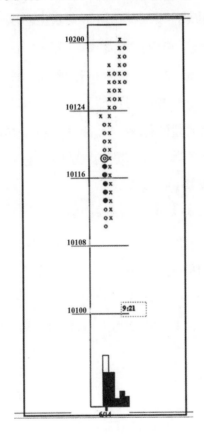

了6分鐘。9:10的時候，債券在10127交易。接下來4分鐘內，10127有更多交易。從10124低點開始11分鐘內，市場價格已經漲了³⁄₃₂，交易量為41—並不是非常亮眼的漲勢。但突然間有一陣買進：10@30⋯11@31⋯10@00。3分鐘內有31個tick（這天到目前為止最大的3分鐘交易量），相較之下，之前11分鐘只有41個tick。

尼爾討論轉折點的行動時寫道：「**大眾會受到價格變化吸引，而不是交易量；也就是說，大眾不會分析交易量行動。**」[7]

3分鐘後，價格跌了³⁄₃₂。現在這張圖表上有兩個上升波形。第一波持續了28分鐘，價格上漲¹⁹⁄₃₂，交易量為159；第二波持續了14分鐘，價格上漲⁸⁄₃₂，交易量為72——投入跟報酬都只剩50%左右。第二個上升波形只超過第一個上升波形的頂部³⁄₃₂而已。在上升趨勢中，當買波的持續時間、長度和交易量開始減少，你就應該警覺趨勢可能發生變化。賣波的持續時間、大小和交易量開始增加時，也可能是同樣的狀況（這在圖9.4的頂部特別明顯）。

可惜的是，就跟大多數的盤勢判讀一樣，這並不是鐵則，最好把它想成一種指導方針（有些情況是，上漲市場中的上升波形會沿著下跌的交易量緩慢移動，因為沒有賣出。這會持續到供給浮現為止）。可以照亮或遮蔽我們生活所有層面的二元性，也存在於解讀市場時。我們在這天的第二個買波（結束於10200）以及一個賣波的起點時停下來。雖

註7：韓佛瑞・尼爾，第47頁。

然第二個買波的交易量減少以及向上推力縮短，令我們唯恐趨勢可能變化，但沒有發生明顯看跌的事件。我們再多檢視一下這張紙條吧：

09:22 10127-12 43	*09:40 25-2 48*	*09:58 25-1*
09:23 28-7	*09:41 25-4 52*	*09:59 26-1*
09:24 29-7	*09:42 25-2 54*	*10:00 29-7 56*
09:25 29-2	*09:43 26-2*	*10:01 29-10 66*
09:26 30-3 1	*9 09:44 25-3 59*	*10:02 28-3*
09:27 30-2 21	*09:45 26-7*	*10:03 28-4*
09:28 29-3	*09:46 24-4 70*	*10:04 26-4 11*
09:29 29-6	*09:47 25-9*	*10:05 27-7*
09:30 26-9 18	*09:48 27-2 11*	*10:06 27-2*
09:31 28-6	*09:49 25-4*	*10:07 24-7 27*
09:32 28-2	*09:50 26-8*	*10:08 23-7 34*
09:33 28-3	*09:51 26-2*	*10:09 23-4 38*
09:34 28-3	*09:52 25-9*	*10:10 22-5 43*
09:35 28-7	*09:53 25-4*	*10:11 23-5*
09:36 27-1	*09:54 26-1*	*10:12 23-6*
09:37 26-1 41	*09:55 —*	*10:13 23-3*
09:38 27-3	*09:56 25-3*	*10:14 22-3 60*
09:39 25-2 46	*09:57 26-5*	*10:15 21-7 67*

（圖 9.7 畫到這個時點為止。）

圖 9.7　2001 年 9 月債券 Three-Tick 波形圖 3

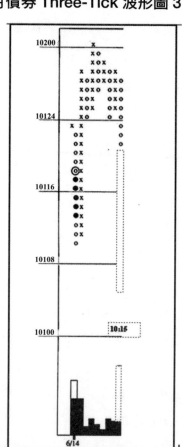

　　從 10200 開始的賣波很小，只持續了 5 分鐘。這個行為沒有看跌的跡象。但請看這天的下一個買波。它只持續了 5 分鐘，相較之下前兩次回漲是 28 分鐘和 14 分鐘。這次漲幅為 ³⁄₃₂，來到一個較低的高點，然後交易量減少。買進力道已經疲軟。下個賣波內的行為已變成看跌。此

處的持續時間和交易量，比這個時段開始的任何下降波形都還要大。
10124 低點之後兩分鐘，發生了 ³⁄₂ 的反轉。請觀察 10124 到 1029 的上
漲步調。在這 15 分鐘的買波期間，價格只有 3 個時段是上漲或維持高
點的。這樣的行為反映出人們對債券的需求和興趣都很低，市場現在很
容易發生更大的向下反轉。這次反轉發生於 10:04，下降到 10126。盤
勢判讀者將會做空，並在 10200 上方停損。債券價格持續下滑，我們
看到 10:15 時紙條上印著 10121。市場現在已經跌破 10124 的支撐線，
過去三個賣波中，有兩個撐在這裡。更多紙條上的行動列在下方：

　　10:16 10122-5

　　10:17 23-5

　　10:18 23-6

　　10:19 21-6 89（這裡已經沒有向下進展，但交易量持續累積。現在
交易量比之前的賣波更大。）

　　10:20 20-7 96

　　10:21 18-9 105

　　10:22 19-3

　　10:23 18-9 117

　　10:24 19-11

　　10:25 17-10 138（交易人已經在前一天收盤〔10118〕下方設置停
損點──對某些系統來說是「樞軸點」[i]──因為市場變動到這個時段
的負領域。）

10:26 18-4

10:27 18-6

10:28 16-8 156

10:29 16-9 165

10:30 15-7 172 （尼爾曾說：「市場是由買賣順序組成的蜂巢。」整數和尾數 ½ 的數字是交易人最喜歡下單買賣的價位。所以毫不意外地，做空者在 10116 附近獲利了結，接著新的做多者買進，使得價格猶豫不決。）

10:31 16-3

10:32 15-7 182

10:33 15-6 188

10:34 16-5

10:35 15-3 196

10:36 15-7 203

10:37 15-2 205

10:38 15-2 207

10:39 14-10 217

10:40 13-7 224

---

i 主要藉由最高價、最低價和收盤價的平均值得出。如果在隨後的交易期內，市場價格高於樞軸點，通常被評估為看漲情緒；如果低於樞軸點，則被視為看跌情緒。

10:41 14-5

10:42 15-1

10:43 15-6

　　在 10116 到 10115 之間撐了 11 分鐘之後，下跌到 10113，似乎會更加走弱。由於市場再度在 10115 交易，你可能會覺得下跌結束了。如果空頭的話，你會回補嗎？我們通常無法分辨「雜訊」和「意義」（尤其是我們想太多的時候）。當你有疑慮的時候，別退場──調整你的停損點，藉此降低風險或增加舒適區吧。

10:44 15-1

10:45 13-6 243

10:46 09-10 253（這個時段跌了 ⁴⁄₃₂，是因為賣出停損造成的，債券合約跌到早上低點〔10110〕下方。）

10:47 08-9 262

10:48 10-3

10:49 08-8 273

10:50 07-9 282

10:51 07-8 290

10:52 05-10 300

　　在過去 7 分鐘內，拋售變陡，交易量急遽增加。這可能是更大暴跌的起點，或是一個程度未知的停止點，只能從更大的價格歷史觀點來判

定。我們已經觀察到少量價格變動，但無法分辨這是更大下降趨勢的一部分、上升趨勢中的短暫洗盤，還是更寬交易區間的一部分。如果債券的平均每日區間約為 $29/32$，那麼當沖交易人可能會想要獲利了結，並等待另一個局面展開。

10:53 06-7
10:54 06-8
10:55 08-2 17

在這個時點，我們知道有個賣波結束於 10105：大小 $=24/32$，交易量 $=300$，持續時間 $=51$ 分鐘。根據經驗，你會知道交易量 300 在 $3/32$ 波形圖上高到非比尋常。300 個 tick 的波形在 $8/32$ 或 $16/32$ 波形圖上並不顯眼，然而在這張圖表上，它反映出供給大量湧現—這是重大的走弱跡象。

10:56 10-4 21
10:57 08-10
10:58 10-6 37
10:59 11-5 42
11:00 11-2 44
11:01 10-5
11:02 09-3
11:03 09-5

11:04 09-2

11:05 08-5 20（來到 10111 的買波沒有透露任何資訊，最有可能是有些做空者獲利了結。）

11:06 09-4

11:07 09-7

11:08 10-9

11:09 10-2

11:10 11-1 23（來到 10108 的賣波沒有供給浮現。）

11:11 12-3 26

11:12 11-5

11:13 11-2

11:14 11-2

11:15 11-2

11:16 11-2

11:17 10-5

11:18 10-6

11:19 10-2

11:20 09-5 31（此處，我們知道有個買波結束於 10112。雖然不起眼，但它稍微超過了前一個買波〔來到 10111〕的高點。）

11:21 09-8 39

11:22 08-5 44

11:23 08-6 50

11:24 08-2 52（圖 9.8 畫到這裡為止。）

11:25 09-3

11:26 09-2

11:27 ——

11:28 09-2

11:29 10-1

11:30 10-2

11:31 09-1

11:32 10-3

11:33 09-3

11:34 11-6 23（上一個賣波重新測試了前一個低點〔10108〕，而支撐正在此處形成。）

11:35 10-1

11:36 10-2

11:37 12-2 28

　　此處，市場已經回漲到前兩個買波的高點上方，某種程度的修正正在進行中。如果你仍然做空，就必須決定要獲利了結、部分獲利了結或是降低停損點。你預期市場會在哪個價位遇到壓力？

　　假設威科夫在 10121 做空，他很可能會在高潮的低點，或是在它傾向產生更高的高點後獲利了結。假如他選擇在潛力更大的價位交易，應該會在價位回溯 50% 後停損。在我們的 1 分鐘已過濾資料中，可以看到

圖 9.8　2001 年 9 月債券 Three-Tick 波形圖 4

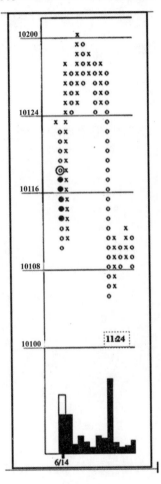

價格從 10200 跌到 10105，所以回溯 50% 大概是 10118。這次下跌的實
際高點和低點是 10201 和 10105，因此準確的 50% 修正點是 10119。

　　但是在這次下跌當中，有任何支撐線是我們可以在上方設停損點的

嗎？圖表上沒有出現，但我們的紙條紀錄秀出 10116 和 10115（10:28 到 10:44）之間的來回橫向變動。它可能對任何修正性的回漲施加壓力。由於我們認真投入於研究紙條，就能在腦中想像壓力會在哪裡。

11:38 13-3 31

11:39 14-3 35（市場現在已經超過前一個上升波形的高點。）

11:40 13-1

11:41 13-4

11:42 13-2

11:43 13-2

11:44 14-1 44

11:45 14-2 46

11:46 13-1

11:47 13-2

11:48 —

11:49 —

11:50 14-1 50

11:51 15-3 53（現在市場已經回漲到 10115 和 10116 之間的次要擁擠區，我們來看看它產生什麼類型的進展。）

11:52 15-4 57

11:53 14-1

11:54 13-1

11:55 14-5

11:56 —

11:57 15-3

11:58 —

11:59 15-2 69

<u>*12:00 15-2 71*</u>

12:01 14-1

12:02 —

12:03 13-1

12:04 13-4

12:05 12-3 9

　　有個新的賣波始於這次反轉。上一次買進使價格在 36 分鐘內漲了
⁷⁄₃₂，交易量為 71 個 tick。但這次回溯不到之前巨大跌幅（從 10200 到
10105）的 50%，也沒超過 10116 和 10115 之間的壓力線。到目前為
止，這個上升波形看起來像是下降趨勢中典型的低交易量修正。

12:06 —

12:07 11-1 10

12:08 12-1

12:09 11-1 12

12:10 —

12:11 12-1

12:12 13-1

*12:13 14-1 3（從 10115 到 10112 的短暫賣波，交易量為 12 個 tick，
反映出沒有供給。市場應該會試圖再度回漲，通過 10115 到 10116 的壓
力線。）*

12:14 —

12:15 15-1 4（開始囉！）

12:16 13-2

12:17 —

12:18 —

12:19 —

12: 20 12-1 3

市場在 10115 陷入死寂，交易量在 6 分鐘內縮減到 4 個 tick。從
10105 開始的漲勢當中，最後一個買波試圖產生更高的高點，卻嚐到第
一次失敗。由於上一個下降波形沒有吸引到賣家，所以市場準備上漲，
但買家反而消失了。這個時間的交易無精打采的，其實也很正常，因為
這是東部時區的午餐時間。你認為「永遠別在枯燥的市場賣出」這句老
話是正確的嗎？圖 9.9 結束於 12:15。

12:21 12-2 5

12:22 —

圖 9.9　2001 年 9 月債券 Three-Tick 波形圖 5

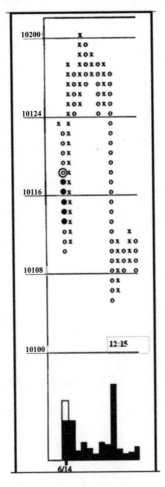

12:23 13-1

12:24 13-2

12:25 —

12:26 12-1 9

12:27 11-1 10

12:28 12-1

12:29 —

12:30 —

12:31 12-2

12:32 12-2

12:33 12-2

12:34 —

12:35 —

12:36 13-1

12:37 12-1

12:38 11-1 20

　　這個賣波內的 23 分鐘，現在比 10105 低點以來的任何賣波都還要長，持續時間也比之前的買波長很多。到目前為止，下跌步調很慢，表示市場只是在飄移。

12:39 —

12:40 11-4 24

12:41 12-3

12:42 11-1 28

12:43 —

12:44 12-1

12:45 —

12:46 —

12:47 13-1

12:48 —

12:49 13-2

12:50 13-2

12:51 —

12:52 12-1

12:53 11-1 36

12:54 11-2 38

12:55 10-3 41

　　自從 10105 的低點之後，所有反應程度一次比一次還要高。這裡出現了第一個產生更低的低點的賣波，而且持續了 40 分鐘。我們是否應該把「這次拋售的 ⁵⁄₃₂ 跌幅」與「51 分鐘內從 10129 到 10105 的下降波形中的 ²⁴⁄₃₂ 跌幅」相比，因而認為賣壓正在減弱？還是最好只在「從 10105 開始的回漲」這個脈絡中判斷這次下跌？答案很明顯：兩個下降波形之間沒有修正。第一個波形是這張圖表的主要特徵；第二個波形表示從 10105 開始的軟弱漲勢之後，賣家占了上風。

12:56 11-3（我們還不知道目前的賣波已經結束了。）

12:57 —

12:58 11-2

12:59 —

13:00 11-1

13:01 12-3

13:02 12-2

13:03 13-1 12（現在很確定有個賣波結束於 10110，下一個上升波形的特性將最為重要。）

13:04 —

13:05 13-2 14

13:06 13-4 18

13:07 —

13:08 —

13:09 —

13:10 —

13:11 —（請注意所有空白的分鐘，也就是交易活動減緩的時候。）

13:12 12-1

13:13 —

13:14 12-2

13:15 —

13:16 —

13:17 —

13:18 —

13:19 —

13:20 —

13:21 14-4 25

13:22 14-2 27

13:23 14-4 31

13:24 14-4 35

13:25 14-2 37

13:26 13-1

13:27 14-3 41

　　市場花了 32 分鐘回漲了 ⁴⁄₃₂，交易量跟上個賣波一樣。到目前為止，市場已經無法追平之前 10115 的高點。如圖 9.10 所示，這個買波現在已經結束，你可以看見從 10:52 的 10105 低點演變出來的 9 個完整波形。

　　我應該補充：沒有發生交易的 1 分鐘時段全部被省略。正常的 1 分鐘長條圖應該會將這些時段留白，只標示收盤的 1 分鐘圖表，會從上一個價格畫一條線通過這些時段，因此整張圖表有好幾條很長的水平線。前兩個波形分別持續了 40 和 32 分鐘。我們之前提過 10115 上方的次要擁擠區，10:28 和 10:44 之間債券就是在此處交易。經過這次短暫的橫向變動之後，下降趨勢變陡，交易量增加，價格下跌 ¹⁰⁄₃₂，來到 10105。正如我們在長條圖上看過的，趨勢加速且交易量巨大的區域受

到修正的測試，是很正常的現象，因此從 10105 開始的回漲，已經回
到賣家壓過買家時的價位。

圖 9.10　2001 年 9 月債券 Three-Tick 波形圖 6

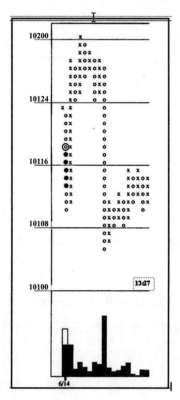

13:28 13-3

13:29 ―

13:30 13-3

13:31 13-1

13:32 13-4

13:33 13-4

13:34 12-3

13:35 11-3 21

13:36 10-3 24

13:37 09-5 29（之前的賣波結束於 10110。經過一星期回漲來到 10114 之後，債券又產生一個更低的低點。不必懷疑，10105 這個最近的低點肯定會被測試或洗盤。這些細節出現於圖 9.11。）

13:38 08-5 34

13:39 09-1

13:40 08-1 36

13:41 08-1 37

13:42 09-3

13:43 08-1 41

13:44 08-2 43

13:45 09-5

13:46 —

13:47 —

13:48 —

13:49 —

13:50 —

13:51 08-1 49

13:52 07-1 50

13:53 04-5 55（市場已經跌到圖表上的新低，現在我們來觀察有多少額外的賣出浮現。）

13:54 05-3

13:55 05-2

圖 9.11　2001 年 9 月債券 Three-Tick 波形圖 7

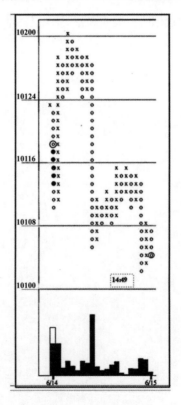

13:56 02-5 65

13:57 02-4 69

13:58 04-4

13:59 02-1 74

14:00 02-2 76

14:01 02-2 78

14:02 02-6 84

14:03 03-1

14:04 02-1 86（現在我們看到自價格跌到10105以來最大的下降波形，它伴隨著巨大的交易量。儘管力道增加，但市場只跌到10105低點下方 ³⁄₃₂。）

14:05 03-1

14:06 04-1

14:07 03-5

14:08 —

14:09 05-2 9（此處顯然有一個賣波結束於 14:04。向下推力縮短可能表示賣壓正在疲軟。）

14:10 04-3

14:11 05-1 13

14:12 04-1

14:13 05-3 17

14:14 04-1

14:15 04-2

14:16 —

14:17 —

14:18 05-1 21

　　市場已經回漲到 10105，從 102 開始的跌勢就是在這個價位形成暫時的支撐。緊接在 10105 的低點之後，頭兩個賣波維持在 10108。因此，最好注意上頭的壓力（10105 和 10108）。正如我們所知道，在下降趨勢中，之前的支撐線通常會變成壓力線。

14:19 05-2 23

14:20 04-3

14:21 05-1 27

14:22 —

14:23 06-3 30

14:24 07-3 33

14:25 06-5

14:26 06-2

14:27 —

14:28 07-1 41

14:29 —

14:30 06-1

14:31 07-1 43

14:32 08-1 44

14:33 08-4 48

14:34 07-1

14:35 —

14:36 08-5 54

14:37 —

14:38 08-1 55

14:39 —

14:40 08-5 60

14:41 08-2 62

14:42 —

14:43 —

14:44 06-4

14:45 07-1

14:46 07-2

14:47 —

14:48 07-4

<u>*14:49 08-1 74*</u>

14:50 06-4

14:51 06-4

14:52 06-2

14:53 —

14:54 05-3 13

從 10108 下跌了 ³⁄₂，表示買波結束於 14:49，無法突破上頭（10105 和 10108 之間）的壓力，這也表示 10105 和 10102 之間的推力縮短只是暫時的。

14:55 04-5 18

14:56 05-5

14:57 05-7

14:58 06-11

14:59 05-27

場內交易時段結束後，我們也停下來，而 14:55 有個賣波正在進展，價格跌到 10104。最後 4 分鐘沒有發生決定性的事件。我們停下來的時候，交易量剩下 50，如果市場隔天開盤價是 10104 或更低，那麼這 50 個 tick 將會加進交易量。假如 6 月 18 日市場開盤價是 10107 或更高，那這 50 個 tick 將會是新的上升交易量總額的一部分。這 50 交易量會被畫成一條粗黑的線，而新的上升交易量則會畫成紅色，位於黑線的上方。

威科夫的市場龍頭波形圖總是以當天收盤價結束，但波形跟收盤真的搭不起來。將每一天的波形連接起來，我們就能藉由累積交易量更

加理解它們的力道。

　　6 月 18 日星期一，債券開盤價變高，但接著大多數時段都在下跌。圖 9.12 秀出了在 6 月 19 日發現的 21 個波形，一開始是一個向下跳空的賣波，從這個時點開始，你是否能認出 6 月 19 日時段期間有 3 個波形，指出這個短期趨勢正在從看跌轉變成看漲？請記住，當賣波的長度和交易量（持續時間）開始減少，而且買波增加，那麼這個趨勢正在反轉向上。第一波的幅度是 ¹²⁄₃₂，第 3 波等於 ⁸⁄₃₂，並超過第一波的底部。第 5 波的幅度只有 ⁵⁄₃₂，而且沒有產生新低點，於是行為第一次變成看漲。第

圖 9.12　2001 年 9 月債券 Three-Tick 波形圖 8

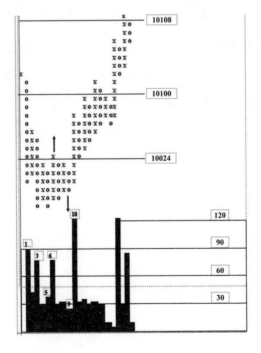

6 波讓看漲的故事更加有分量，因為債券出現了這個時段最大的上升波形，以及最大的上升交易量。第 9 波的行為顯示出債券正在跳板上，此處出現了這個時段最小的波形，而且沒有賣壓。漲勢在第 10 波開始，支配權之爭發生於 101 線條附近，市場在此找到 6 月 18 日的最初支撐。位於 101 下方的最後一個小下降波形，完全沒有賣出，向下阻力也沒有放鬆，於是價格漂亮地向上反轉。

這種點數圖格式我用了好幾年，一直是我的最愛之一。波形圖的下個演化階段提供了更精確的資訊、更大的彈性，而這就是我們將在第十章討論的主題。

我知道一分鐘接一分鐘地判讀一整天的價格變動，似乎非常枯燥乏味，但我跟威科夫一樣，都能證實這樣的努力有其價值。本章介紹的流程，讓我的圖表判讀功力成長 10 倍，而且我這樣做好幾年了。儘管現在的市場波動很大，而且預測快如閃電，但威科夫在 1909 年觀察到的行為，提供了巨大的優勢。

盤勢判讀 第二部分

Tape Reading Part II

　　我用來展示波形和波形交易量的另一個方法，就是使用只有收盤的折線圖搭配交易量直方圖。這也幫到我不少，但少了一個要素，就是時間。每當一個波形的持續時間大到非比尋常，我就會註記在圖表上。後來，我終於找到人幫我寫了一個波形圖的程式，這些波形不再被畫成等距，波形之間的空白反映出一個波形的持續時間，而交易量長條的寬度同樣有時間功能。從此以後，我具備了盤勢判讀的 3 個必備要素：波形的長度、交易量以及持續時間。

　　討論 2001 年 6 月 15 日和 19 日的債券時，我在適當時機參考這 3 個要素好幾次。有資料表單我才可能這樣做，但有了新圖表之後，一眼就能看出這些要素，讓我可以實驗任何時段製作的波形圖。突然間，我看見了持續好幾天的價格波形，而且波形交易量所訴說的故事，比每小時或每日圖表更精彩。原因很簡單，**價格變動並不是以均等時段的形式展開，而是以波形展開。**

　　威科夫和早期的盤勢判讀者都清楚了解這項事實，因此他們會研究從股市收報機蒐集來的交替買波和賣波。將價格變動拆成時段來剖析，其實不會妨礙一個人的交易觀點，但交易量被細分成好幾等分，的確會干擾一個人分辨真實買賣力道的能力。就某種意義來說，交易量訊息會隨著時間消失。

　　為了說明這一點，我在這裡呈現 2012 年 12 月的歐元合約（圖 10.1），先讓我解釋這張圖表。當日貨幣或外匯交易的話，我偏好敏感的 tick 長條圖。我也會觀察以時間為基礎的圖表，但 tick 長條的建構不限於特定時間長度。因此，在波動的交易情況下，一條 250 個 tick 的

長條，可能只持續幾秒鐘，但有時它可能會持續20分鐘以上。更大的tick長條圖，也很適合將更廣泛的價格結構視覺化。

比方說，我有時會觀察貨幣的5,000-tick長條，或是S&P的9,000-tick長條。圖10.1秀出了幅度為3個pip的波形，它是從2012年9月18日的250-tick長條收盤價建構出來的，每條tick長條的總合約交易量也包含在內。從圖表左側開始，我們先注意到交易量5,400的巨大上升波形。這是約4小時內最大的上升交易量，上漲時的向上推力縮短非

圖10.1　2012年12月歐元250-Tick長條圖

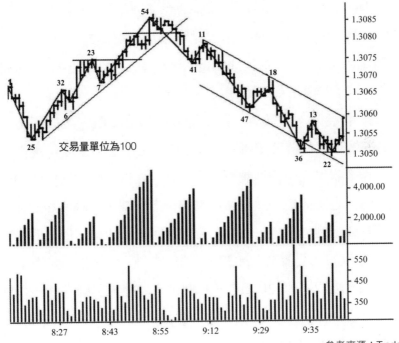

參考來源：TradeStation

常顯眼，這表示趨勢正在疲軟；供給出現於第一個下降波形，4,100交易量為迄今最大。

請將這次行為變成看跌的情況，與圖9.12中的第六波（需求首次出現）相比。隨後的上升波形之中，1,100的交易量表示需求走弱，並且為賣空者提供了極佳的進場時機。

大多數情況下，tick長條交易量看起來就像地平線上的林木線。交易量之間的差異很小，但累積波形交易量會展現交易活動的高峰和低谷。1,100張合約的拉回，比任何事情都重要，但tick長條交易量沒什麼變化。同理，從高點開始的4,100張合約的跌勢，在tick長條直方圖上也不是顯眼的巨大交易量。從高點開始的跌勢之內，下降波形的幅度分別是13、19、19、4個pip，每個波形的個別時間是10、16、4、2分鐘；將它們減少的波形交易量加進這個情況之後，從美東夏令時間早上9點38分的低點開始的大逆轉就很明顯了。

最後一個觀察：倒數第二個下降波形的幅度跟它之前那個一樣大（19個pip），但只持續了4分鐘。下降波形的速度反映出高潮行動，被套牢的做多者爭先恐後地想賣掉。這等於在告訴做空者要開始獲利了結，並且／或是將他們的買進停損點擠在上個價格的幾個tick之內。潛在買家應該興奮到坐不住，期待會有空頭回補的漲勢。最後的低點之後22分鐘，歐元的成交價為1.3077。

圖10.2秀出了一張2011年6月澳幣3分鐘走勢圖。我已經移除了個別的5分鐘長條。最小波型尺寸（也就是反轉單位）是3個pip。每個波形的分鐘數標記在波形的轉折點。現在請看從美東標準時間下午1

點 15 分開始的漲勢。我們看到 3 個上升波形分別持續了 12、36、6 分鐘。它們的長度是 10、21、5 個 pip，交易量是 1,896、2,038、1,305 張合約。

波形的時間、長度和交易量都減少了，表露出市場走弱的情況。它們告訴盤勢判讀者，多頭部位要獲利了結。威科夫也會贊成獲利了結，並立刻在這個位置做空。交易量直方圖是累積的。27 分鐘的下降波形由 9 個 3 分鐘時段構成，而總交易量均勻增加，直到這個波形的第 9 個時段──它突然暴增。

此格式幫助我們看見交易量的暴增，這通常發生於波形的底部和底部。至於另一個例子，請看到達高點的 6 分鐘上升波形，最後一個時段中的交易量跳升。從高點開始的跌勢當中，所有回漲都又小又短命，假如投資人沒有認清頂部在哪裡，看到這些回漲就會增加空頭部位或上車，之前那次回漲期間的低交易量小修正也是一樣的道理。**貨幣期貨和對應的外匯市場有獨特的特性，每個市場都適用 3 個 pip 的波形尺寸。這讓交易人能夠從一個市場移到另一個，找出最佳的結構，而不必重新配置波形設定。**

交易的時候，我通常會把波形圖疊在價格條上面。這樣我就能夠從精確的高點和低點畫出趨勢線、通道以及支撐線／壓力線。在澳幣這種走勢圖上（價格條被隱藏起來）畫線還是很有用。我總是喜歡盡可能過濾資料，這樣一來，就能排除令人分心或模稜兩可的當日資訊。由於當日價格條透露的訊息可能很雜亂，排除它們就比較容易維持一個部位，否則就會太早賣掉──很多交易人都吃過這種苦頭。

圖 10.2　2011 年 6 月澳幣 3 分鐘走勢圖

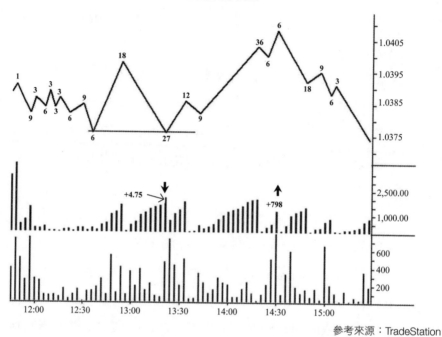

參考來源：TradeStation

　　圖 10.3 秀出 2011 年 5 月紐約銅期貨波形圖上的重要線條。它是由
「5 分鐘收盤」建構出來的，反轉單位為 0.0025。銅期貨的最小 tick 是
0.0005，價值為 12.50 美元。因此，從 4.38 漲到 4.39 的 1 美分幅度，等
於 250 美元。這張圖表是波形分析的傑作。波形時間和交易量標記在轉
折點。從美東標準時間早上 8 點 40 分的低點開始，銅期貨在 35 分鐘內
漲了 2.5 美分。接下來，我們看到七波橫向變動，交易量減少了。請注
意第五波，市場跌了 1.40 美分，交易量為 300 張合約。下一個下降波形
的幅度為 0.60 美分，交易量為 200 張合約。這兩個波形分別持續 5 分鐘

圖10.3　2011 年 5 月紐約銅期貨波形圖

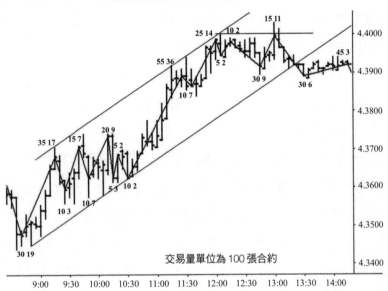

參考來源：TradeStation

和 10 分鐘。許多時候，10 分鐘波形的交易量會比 5 分鐘波形還大（當
它們接連出現時）。後者的交易量和尺寸都很小，表示銅期貨位於跳板
上，這是理想的做多時機。緊接著的上升波形在 55 分鐘內漲了 2.65 美
分，表示需求很強。10 分鐘的反應中沒有出現供給；下一波上升波形在
僅僅 25 分鐘內又漲了 1.25 美分，但交易量急遽下跌，這就是需求變弱
的第一個跡象。從此時開始，賣家的行動開始支配這張圖表。

　　兩個小波（下降和上升）之後，行為明顯變成看跌。銅期貨價格
小跌，但跌勢持續了 30 分鐘，這是早上 8 點 40 分的低點以來最長的下
跌時間，也是銅期貨從跳板起飛以來最大的拋售。現在市場迅速回漲到

前一個高點上方。這次回漲的第 3 條 5 分鐘長條中，波形交易量變成 3 倍，而收盤價距離高點很遠——這是潛在的上推。下一個下降波形稍微延伸到前次拋售低點下方，這個波形更大，而且又持續了 30 分鐘。

趨勢變化已變得明顯，接下來 45 分鐘，價格只漲了 0.30 美分，凸顯出完全沒有需求（威科夫形容這是價格下跌之前的跳板位置）。最後這個上升波形的低上漲角度，表示銅期貨這次回漲得很吃力，這樣的資訊並沒有像盤勢判讀圖上那麼明顯。從 4 月 21 日的高點開始，銅價在接下來 9 個時段跌了 40 美分。

圖 10.4 呈現了 2011 年 6 月 S&P 合約在 2011 年 5 月 6 日的 5 分鐘走勢圖，上面有一個 0.5 點的波形，秀出了我們每天看到的交易反轉類型。S&P 的波形交易量的單位是「幾千份合約」。這裡我們看到一條位於 1349.50 的壓力線，在數小時後被穿透。交易量達到先前任何上升波形的最高水準，而 S&P 似乎要開始大漲。

只要是經常交易 S&P 的人，都知道每當新高點或低點產生時，要警戒拉鋸式的變動。這隻巨獸的本性就是如此。對於這個高點的反應，引出了過去 5 個下降波形中最大的交易量，但它並不明顯。由於反應的大小適中，看起來比較不具威脅性。但下個上升波形告訴我們：上漲阻力沒有放鬆，沒有需求，前一個上升波形有潛在上推，到達前一個高點的風險只有 0.75 點，也就是每張合約 37.50 美元。你找不到更好的機會了。只要這一波出現 0.50 點的反轉，空頭就可以立刻進場。25 分鐘後，S&P 的成交價跌了 7.25 點。到了下午 2 點 40 分，又跌了 11 點——這一切都是行為的細微變化造成的。

圖 10.4　2011 年 6 月 S&P 5 分鐘走勢圖

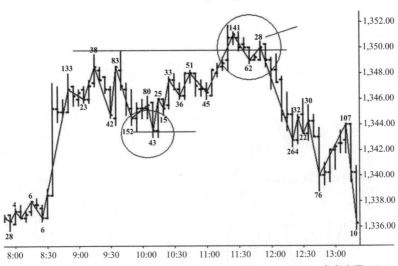

參考來源：TradeStation

交易量讓波形圖有價值。之前提過，以時間為基礎的交易量，通常無法揭露買賣的真實力道。而這個問題在每日交易量最為明顯，因為讀數看起來都一樣，尤其是每日股票交易量。

美國鋼鐵公司每日走勢圖（圖 10.5）的波形（最小尺寸為 10 美分）就是典型的例子。我已經納入每日交易量，這樣就能跟波形交易量的清晰程度做比較。2010 年 10 月的拋售由兩個下降波形構成，交易量分別是 5,600 萬股和 6,400 萬股。第二波結束前的這天，實際交易量上升到 1,900 萬，為圖表上最大。10 月 27 日的低點之後，開盤價連續上漲 7 天，總交易量為 9,100 萬股，這是 3 月初以來最大的上升交易量。

同時期的實際交易量並不顯眼，而且看起來很像 10 月初的讀數。

圖 10.5　美國鋼鐵公司每日走勢圖

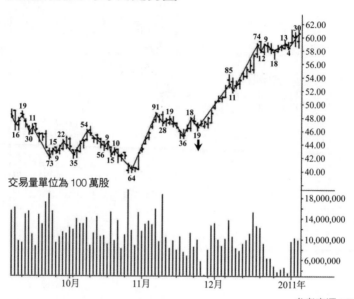

參考來源：TradeStation

雖然波形交易量在 10 月低點看起來達到高潮，但沒有低交易量拉回能夠讓多頭部位進場。但從低點開始的寬區間上升長條，表示需求是存在的。這次高交易量的起飛，表示買進的力道已經勝過供給，而 11 月修正之內 3 個下降波形的交易量都大幅減少，反映出缺乏供給──尤其是1,900 萬的下降波形。接下來 17 個時段，有兩個上升波形，分別持續了9 天和 7 天。它們之間有一次為期一天的修正。強勁的需求在這兩個上升波形進場。

　　12 月一次淺修正之後，這支股票在 2011 年 1 月的第一個交易日再度創下新高。請注意，低波形交易量表示沒有需求。這個高點開啟了一

個頂部結構，持續了好幾個月之後才發生大拋售。

請看這些波形本身的走勢，幾乎就像移動平均。在上漲階段，價格可能會漲個 10 天以上，沒有基於收盤的修正。從向下箭頭的低點開始，這支股票回漲了 17 天。唯一的修正只持續了一天。這是個完美的例子——波形變動完全沒被打斷，就像移動平均。那次小小的修正，對於動量交易人來說真的是買進的機會。

圖 10.6 的波音（Boeing，波形尺寸為 10 美分）就是那種你最常遇到的交易類型。單檢視這張長條圖，我們會看到 2011 年 4 月底的垂直價格上漲，此行為肯定具備買進高潮的所有特徵，但實際交易量卻沒有顯示出第一個下降波形的供給。波形交易量就能更清楚地展現第一個下降波形的供給。

此處的累積交易量揭露了 2010 年 12 月中旬以來最大的賣壓，緊接著是一次針對高點的低交易量次級測試。看跌的波形交易量，讓這次交易毫不費力。後來有一條狀態良好的線，畫過第一個下降波形的低點，輔助了這次交易。這條線被穿透之後，兩次無關緊要的漲勢沿著它停下來。在最後一波的下降通道低部，供給已經乾涸，這支股票短暫回漲了一下，但無法漲到高點之後產生的第一個低點上方。8 月，波音在 56 價位附近找到支撐。

正如我們所見，威科夫的盤勢判讀圖必須調查每個價格變動，以現今的波動來說這很不切實際。為了避免這個問題，我會使用波形圖，波形圖是以任何時段（從一分鐘到一天）的收盤價為基礎。但這樣是自相矛盾，因為我依然仰賴以時間為基礎的資料。為了避免這種矛盾，

圖 10.6　波音每日走勢圖

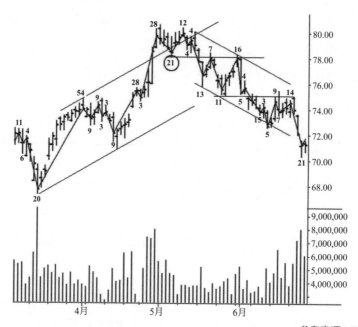

參考來源：TradeStation

　我通常會使用以 tick 為基礎的圖表。一張 tick 長條圖是由個別價格條構成，它們是基於預先決定的價格變化 tick 數。比方說，每條 3,000-tick 的長條，價格變化是一樣的。在正常的交易情況下，一張 S&P 的 3,000-tick 長條圖，幅度大概是 5 分鐘。

　　然而，當交易活動在經濟報告發表之後增加，那麼 5 分鐘內可能會出現 3 條 3,000-tick 長條。因此 tick 長條圖會反映出交易活動。個別 tick 長條下方標記的交易量，秀出了股份或合約的實際交易數量，但這些 tick 長條的持續時間都不一樣；一條長條可能持續 4 分鐘，而另一條

長條持續 18 分鐘，這全都取決於交易速度。威科夫看見了活動的重要性。他無法製作 tick 長條圖，於是他使用一個粗糙的方法，來大致判斷股市的活動：測量電報紙條每一波跑了多少英寸。

　　說到狀態良好的行為，2012 年 12 月黃金 500-tick 長條圖（圖 10.7）上的價格／交易量行為肯定排第一。有大量線索顯示 2012 年 9 月 25 日會出現下降波形，而這天 S&P 與許多股票也遭遇大量賣出（第十一章會討論）。故事一開始，達到高點的最後一個上升波形，向上推力縮短了，而交易量（2,000）嚴重縮水。更多明顯的線索，則是接下來兩個下降波形，交易量分別是 5,900 和 5,100。針對頂點的次級測試時，波形交易量增加到 4,100。即使這個力道很大，黃金還是未能創下

圖 10.7　2012 年 12 月黃金 500-tick 長條圖

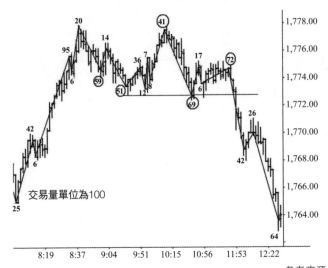

參考來源：TradeStation

新高，而我們現在知道市場已經遇到供給。

隨後的拋售時，下降波形交易量（6,900）是圖表上迄今最大；一個相對平坦的三波形態，從這個低點展開。第 3 波的訊息顯然是看跌，交易量是 7,200，持續時間是 54 分鐘，而且上漲角度很低。此處的時間和交易量都很多，卻沒有產生任何向上進展（圖 10.3 也是這樣），這就是走弱的象徵。當這種行為出現在波形圖，永遠要密切注意。它提供高機率的交易結構。

類似的行為也出現於 2012 年 1 月期間的坦能公司（Tennant Company，圖 10.8）。這裡有 10 美分的波形，適用於每日價格。2011 年 12 月有支撐形成，但從這個低點開始的第一次回漲，無法吸引足夠

圖 10.8　坦能公司每日走勢圖

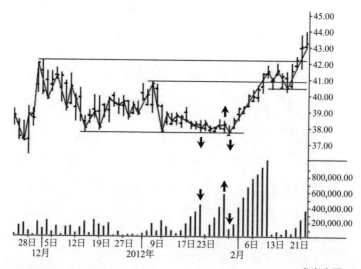

參考來源：TradeStation

的需求來維持自己。重新測試非常令人不安，因為價格在低點上方徘徊了幾天。這段橫向變動時期當中，有個下降波形持續了 5 天。緩慢的時間加上非常大的交易量和相對平坦的下跌角度，可以解讀成賣家吸收了所有買進。**這種看漲的解讀表示「持袋」正在發生，因為買家穩定吃下所有供給。**兩個上升波形之後，買家攤牌，這支股票不但回漲，交易量還變大。最後一個下降波形當中，賣家成功突破供給線，但沒有向下跟進，而價格迅速回漲。這些近乎平坦的波形代表了壓縮。

其中一個最常見的交易結構跟推力縮短有關。交易人經常把「推力縮短」跟「彈跳和上推」搞混，其實重點不在名稱。推力縮短是一種遞減的過程，測量根據是從高點到高點，或從低點到低點。當推力縮短出現於非常低的交易量或非常高的交易量，訊息就會變得更明顯。它最少需要三波動力，而且不一定跟波形的線條一致。

圖 10.9 是克里夫自然資源公司（Cliffs Natural Resources，CLF），它充分示範了這種行為。假如我只想專門研究一小撮股票，CLF 會是我的選擇之一。10 美分的波形尺寸很好用，而且這支股票的交易量和波動都很大。2011 年 10 月 13 日，儘管交易量是增加的（159,000），CLF 仍撐在稍早上午 11 點的低點。這是一個無關緊要的雙底，而三波井然有序的動力開始了。只要在高點上方畫水平線就能發現它們。第三波的向上推力縮短很顯眼，交易量（41,000）比前一個上升波形低很多。從這個高點開始，這支股票修正了它最近的回漲。

下一波動力包含了 4 個高點，以及最後一個波形內的推力縮短，上升交易量（36,000）是上午 11 點低點以來最低。從這個高點開始，市

圖 10.9　克里夫自然資源公司 5 分鐘走勢圖

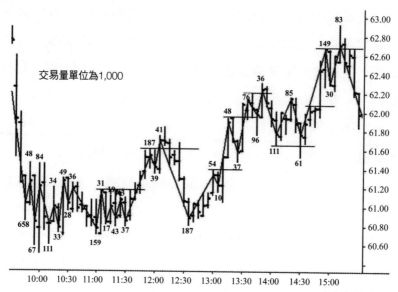

參考來源：TradeStation

場描繪出兩個波形，其中第二波經歷了一次彈跳，而不是推力縮短。最後一波回漲又細分成兩個上升波形，但價格條有 3 條。**我總是以價格條來測量推力縮短，而不是用波形轉折點測量。**

　　由於推力縮短在當日圖表上很顯眼，是最常見的交易結構，所以我制定了一些指導方針。但是，也別把它們視為鐵則：

　　1. 經過三或四個連續的上升或下降波形（或動力）之後，請在最後一波尋找推力縮短。這個波形通常沒什麼進展，而且交易量下跌，這表示需求疲軟和／或喪失動力。有時波形交易量很大，但推力縮短表示力

道很大、報酬卻很小。所謂的「三推法」（Three-Push Method）認為這種行為跟搖擺者的分歧有關，但沒有提到推力縮短。

2. 當連續波形超過 4 個，而且推力縮短的情況一直持續，那麼這個趨勢可能強到無法對做[i]。

3. 當波形只有兩個，而且第二波的進展很小，那就可能會有彈跳或上推。理想情況下，交易量應該要很低；然而「小進展搭配大交易量」是可以接受的。

4. 推力縮短多半是由價格條的高點和低點決定，而不是由波形的轉折點決定。但是，波形交易量會透露供需的強弱程度。

　　關於上述第一點，我還必須多講幾句。當推力縮短的情況出現時，永遠要考慮更大的局勢。這很少涉及每週或每月圖表，但每天檢查市場的位置絕對不會吃虧。比方說，價格回漲到 3 個月交易區間的頂部上方，再反轉向下。於是潛在上推就會成為最重要的考量。經過幾個小的下降波形之後，向下推力應該會縮短，暗示你要做多。

　　但假如這種反應走弱，你最好避免在這種情況下做任何多頭交易，要不然就要趕快賣掉。當價格變動到之前上升／下降波形所建立的轉折點的上方／下方，並且突破趨勢線，那麼跟趨勢對做的時候就要精挑細選。決定何時該配合「推力縮短」結構來行動，是一種技術，而不

---

i 指對部分人士的投股策略持反向操作。

是自動交易裝置。

許多波形結構通常都是以圖 1.1「交易哪裡找」為中心。結合了彈跳、上推、吸收以及突破和跌破測試的結構,效果特別好。當彈跳／上推出現,請找出行為變成看漲／看跌的時點。假如賣壓／買壓在下次拉回時減少,請進行交易,並總是一到末端下方／上方就立刻停損。

高交易量的突破／跌破也適用同一招。當這些情況發生時交易量很大,請觀察拉回的特性。這個時點的低交易量表示突破／跌破測試是成功的,趨勢應該會重新開始。價格如果在拉回的軸點下方／上方就立刻停損,當沖交易人應該會被這類交易的數量嚇到,它們每個時段都會出現。**兩個基本要求:耐心等待結構出現,而且操作時不帶任何偏見──別告訴市場它將會做什麼,讓它告訴你。**

前面提過為了當日交易,而專門研究一支特定股票或市場這件事。為了觀察細節,我通常會使用 100-tick 長條圖。這樣就能幫助我看到一個交易時段期間的許多不同結構。

圖 10.10 是紐蒙特礦業公司(Newmont Mining,簡稱 NEM)在 2012 年 9 月 26 日的 100-tick 長條圖,是由 10 美分的反轉單位建構出來的。第一批上升波形的巨大交易量替這天定調,因為它們反映出積極買進。我們在頭三波動力看見了向上推力縮短;第三波動力的交易量急遽下降,警告我們會發生向下變動。這可以再細分成三個動力波,而第三波跌勢時推力縮短了,交易量也減少。當價格從這個低點反轉向上,交易人應該建立多頭,並在第三波的低點下方設停損點。

後來,一陣巨大的買進讓這支股票漲到清晨的高點上方。下個上

圖 10.10　紐蒙特礦業公司 100-tick 長條圖

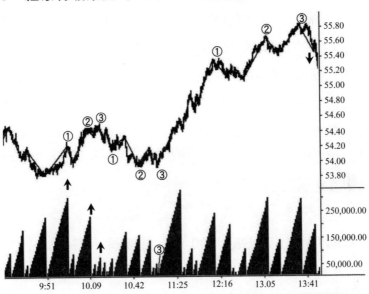

參考來源：TradeStation

升波形開始之前，發生一次 4 分鐘的微小拉回。這次上漲期間，我們看見三個動力波，而且向上推力又縮短了。這次交易量依然很大，但推力縮短警告我們 NEM 正在遭遇供給。從這個高點開始的第一個下降波形，就是行為變成看跌。此處出現了上午 11 點低點以來最大的下降交易量，而下降波形是價格突破早上高點以來最大。全部加起來，顯示出這天的回漲已經結束了。

　　正常來說，當我追蹤 100-tick 長條圖的時候，我會盡可能縮緊價格變動，這樣個別長條就難以辨認。我只對「行為的形式」和「線條提供的結構」感興趣，兩者加在一起就能說出一個非常易讀的故事。

　　圖 10.11 就是這樣的圖表，它用 0.75 點的波形呈現了 2012 年 6 月
的 S&P。它不需要別人多作解釋，最重要的行為是「位於高點的低交
易量上推」以及「拋售期間的向下推力縮短」。到達 1,339.75 的下降
波形的停止交易量，表示尾聲已經近了；下跌到最後一個低點時，推力
縮短，下降波形交易量也減少。請注意從低點開始的上升波形的極大交
易量，這就是下一小時漲勢的起點，漲到 1,356.75。有些人可能會說這
種交易手法太過緊湊，但我認為它提供很大的優勢給當沖交易人，威科
夫應該會很愛它。

圖 10.11　2012 年 6 月 S&P 100-tick 長條圖

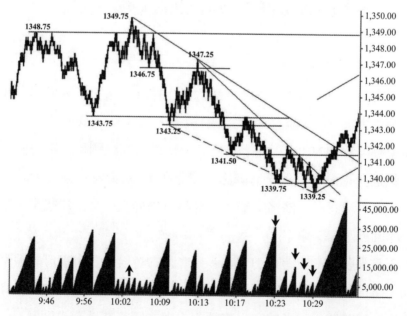

參考來源：TradeStation

　　我最喜愛的圖表結構，是使用兩種不同尺寸的波線。圖 10.12 是歐元兌美元的 250-tick 長條圖，包含了 7-pip 波形和 3-pip 波形。外匯圖表會使用 tick 交易量；因此每條 tick 長條的總交易量是 250 個 tick。有了波形圖，我們就能得知累積總和。從 22:51 的低點開始，有 7 個 7-pip 的波形出現。較小的 3-pip 波線沿著更大的波形迂迴曲折。有些情況是兩個波形合在一起，就像跌到 22:51 低點的跌勢（交易量為 2000）。較小的波形提供關於市場方向的細微線索，因此能幫助交易人建立風險較低的交易。從 22:51 低點開始的第一個 3-pip 上升波形，交易量超過了所有之前的上升交易量（從前一天中午以來）。下一次拉

圖 10.12　歐元兌美元 250-tick 長條圖

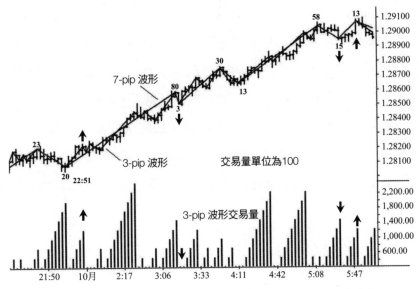

參考來源：TradeStation

回沒有出現供給。我會把這個情況視為行為變成看漲，然後進場做多，並在價格低於低點時賣出停損。上升趨勢井然有序地重新開始，直到1,500 的下降波形出現供給，而需求（1,300 交易量）縮水，推力在最後一個上升波形縮短。這個時點透露的訊息是：趕快獲利了結吧。

2012 年 9 月 5 日，我監測了 S&P 的 1,000-tick 長條圖，0.50 點和1.25 點的波形畫在一起。高點和低點之間，有 9 個 1.25 點的波形出現在 3 小時跌勢當中。箭頭放在 0.50 點的波形和交易量上面，這裡的供給或弱需求表示價格應該會下跌。我確定你能夠了解賣家怎麼取得控制權，並在剩餘的時段讓價格從頭跌到尾。

觀察市場的時候，我是在「尋找」交易，而不是「追求」交易。傑克·施瓦格（Jack Schwager）在他的著作《新金融怪傑》（*The New Market Wizards*）中收錄一段訪談，對象是一位叫做「匿名先生」的交易人。這位交易人替他的客戶賺了很多錢，但他覺得他們應該不喜歡他在訪談中表達的交易哲學。於是他將訪談減少到兩頁，並且拒絕透露自己的身分。他講到最後，做了以下的聲明：「**如果你的交易方式是費力、硬拚、強迫的，那你既不同步也不和諧。最好的交易不須費力。**」[1]我完全同意。**威科夫把盤勢判讀者形容成自動人偶，就是這個意思。**最後，以下這個西藏戒律所表達的觀點，清楚表明了盤勢判讀者的心態：

註1：傑克·施瓦格，《新金融怪傑》（紐約：Harper Business，1992 年），第 412 頁。

不思考、不反省、不分析

不耕耘、不刻意；

事物自有安排。

第十一章
點數圖和磚形圖
Point-and-Figure and Renko

在這個演算法和高頻率交易的時代，點數圖很不吸引人，在技術分析的領域中乏人問津。最早的點數圖相關著作，是由匿名作者「霍伊爾」（Hoyle）和約瑟夫·克萊因（Joseph Klein）撰寫的。威科夫在《盤勢判讀研究》中（1910 年）呈現了點數圖。他廣泛使用點數圖，而他原版課程（1932 年）大多數的章節都在討論這個主題。

威科夫早期的夥伴維克多·德維利耶（Victor DeVilliers），在 1933 年出版他的名作《點數法》（*The Point & Figure Method*）。H·M·加特利（H. M. Gartley）的《股市獲利》（*Profits in the Stock Market*，1981 年版）中可找到出色的點數圖概述。

威科夫挑選股票時，一開始會先確定哪些股票和群體處於廣泛市場趨勢中的最強位置。他會調查這些股票和群體的點數圖，以確定哪個地方存在最大量的準備。他在課程的其中一段寫道：「當我想取得最佳研究成果時，我會捨棄一切，只保留一張 50 支股票的每日平均垂直折線圖（含交易量），以及約 150 支主要股票的數字圖。」他補充道：「數字圖比垂直長條圖更有價值。」

在這一章當中，我會討論點數圖其中兩個最重要的層面：

1. 如何挑選點數圖的方框尺寸和反轉單位。
2. 如何定位擁擠線並做出推算。

我們已經討論過如何以 1:1 和 1:3 的比例建構點數圖。圖 9.3（1993 年 12 月債券）就是典型的 1:1 或 1 點圖表（one-point chart）。圖 9.12

詳細說明了 1:3 或 3 點反轉單位。圖 9.2 我示範了一張比較罕見的 1:2 比例圖表。威科夫慣用的工具是 1 點圖表，以每股幾美元為基礎。當然，他調查了每個價格變化，才能畫出這些圖表。

　　鑑於現今的波動，大多數點數圖都是從各種時段的收盤價製作出來的。當我想要製作點數圖時，會先找價格緊縮的區域。為了研究貨幣期貨，我觀察英鎊的每日走勢圖，它在 2012 年 8 月和 2011 年 9 月之間，價格緊縮成一個狹窄區間。迅速檢視一下每月圖表，就知道這次緊縮延伸到 2009 年。與其交易期貨，還不如在 FXB（英鎊的 ETF）做多，對於遞延稅項帳戶來說風險很低，而且不必將部位從一張合約滾動到另一張。8 月 10 日，從 154.52 低點開始的每日價格上漲，證明多頭部位非常合理。

　　下個步驟是決定方框尺寸和反轉單位。我們來試試從每日收盤價計算出來的 1×1 圖表吧（請見圖 11.1）。立刻就會發現，沿著 154 這條線有 7 個非常緊縮的縱列，推算出價格會漲到 161（請注意，計算價格上漲一定要從一個價格低點開始，並且用一個價格高點來向下推算）。我喜歡從漲勢真正開始的時點算起。我認識有些交易人，會立刻測量整個幅度，然後預期漲勢會達到最大數值，我則偏好把計算過程拆成幾個階段，然後從最保守的階段開始。

　　做這件事其中一個最簡單的方法，就是一路計算到一面「牆」為止，也就是價格加速上漲或下跌的位置。

　　此處我們有 4 個階段，推算出的最小漲幅是 7 點、到達 161，最大漲幅是 21 點、到達 175。4 個目標值的平均是上漲到 168.75，這種程度

的漲幅會延伸至 2009〜2011 年高點之間的範圍,但我們仍不知道這波
漲勢的高峰在哪裡。到頭來,點數圖推算雖然是指導方針,但它們的準
確度很詭異。從 164 這條線上的 11 個縱列可算出價格會跌到 153,而這
支股票一個月後確實到達這個價格。請注意,11 個列入計算的縱列中,
有 4 個並沒有價格變動。當這支股票從 164 的擁擠線下跌超過 7 美元之
後,我們就清楚知道,應該要進行更大的計算。

圖 11.1　FXB 1 × 1 點數圖

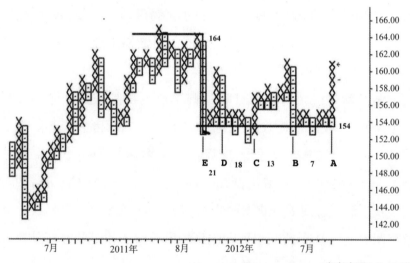

參考來源:TradeStation

接下來,我們來看看一張 1:3 比例的圖表,方框尺寸為 4 點、反
轉單位為 12 點(也就是 4×3);它是從 S&P 每日現金價格計算出來
的(圖 11.2)。橫越 1344 這條線的擁擠狀態持續了 5 個月,介於 2011

年 2 月到 7 月之間。它推算價格會跌到 1100，只比實際的低點高 8 點。寫到這裡的時候，這張圖表上只剩兩個計數還沒實現。最大的計數是由 1160 這條線的 17 個縱列（介於 2011 年 11 月和 8 月之間的時段）構成。當推算出來的點加到 1160 這條線，目標值是 1484；然而，只要將這些點加到計算區的低點，就能進行另一次計算，這樣會算出一個比較不極端的目標值——1424。

　　點數圖的著名之處在於過濾資料，進而秀出更廣泛的價格變動框架。 只要將價格反轉單位和資料欄位調整到最大清晰度（就像將顯微鏡聚焦），就能達成這個目的。你可以藉由練習，學會怎麼找到正確的平

圖 11.2　現金 S&P 500 4 × 3 點數圖

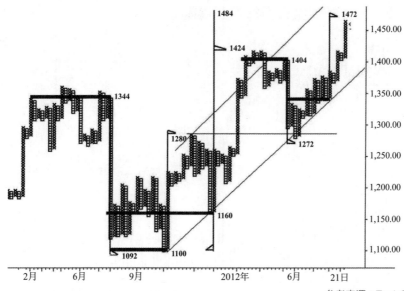

參考來源：TradeStation

衡點。

　　若想替點數圖挑選最佳的方框尺寸、反轉單位和資料欄位，就需要練習。以赫克拉礦業公司（Hecla Mining）2012年8月3日星期五收盤後為例，這支股票的價格相對較低。這張每週圖表（圖11.3）在2012年8月和1月之間有緊縮的形態。

　　4月到5月的走弱，把價格推到一條支撐線下方，然後5月25日那一週出現向上反轉。這可以視為一次彈跳。接下來10週都是81美分範圍內的橫向變動，這支股票站在跳板上，等待催化劑。如果要製作點數圖，我偏好從每日資料開始，因為每日資料比較容易產生更緊縮的形態。1：1比例圖表通常會秀出更多橫向變動。方框和反轉單位的大小

圖11.3　赫克拉礦業公司每週長條圖

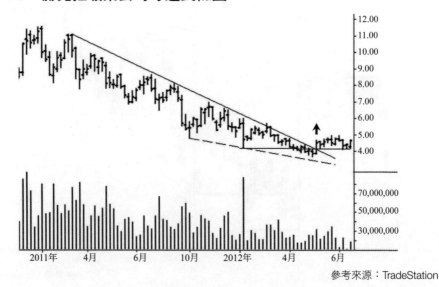

參考來源：TradeStation

設為 25 美分可能行得通，但這些數值大約是股價的 6%。較小的百分比會秀出更多價格走勢，但你必須稍微敲幾下鍵盤來改變參數。

　　不出所料，圖 11.4 並不令人滿意。第一，沿著 4.25 這條線的擁擠區只涵蓋 9 個縱列。這個計算（9×0.25）＋4.25 推算出價格會漲到 6.50，這是很豐厚的報酬，但跟花在橫向移動的時間不成比例。第二，2012 年 1 月的低點並沒有出現，因為這張圖表是從每日收盤價建構而來，因此過濾了當日低點和高點。因此，任何從每日收盤價製作出來的點數圖，都有同樣的問題。

圖 11.4　赫克拉礦業公司 0.25 × 1 點數圖

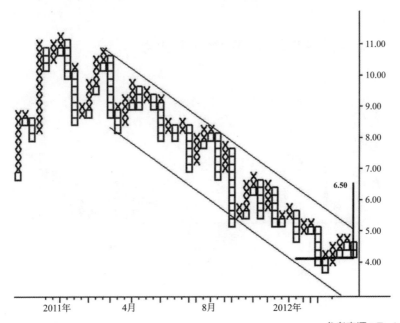

參考來源：TradeStation

　　圖11.5採取不同的做法。它使用較小的方框尺寸和反轉單位（0.05×3），並以每小時收盤價來計算。任何熟悉點數圖的人都會喜歡這種結構。

　　這裡我們看到3個階段，分別產生7.15、8.50和11.20的目標值。威科夫會應該會看著這張圖表，並解釋「複合操作者」（Composite operator）如何在這8個月的時段累積股票。**「複合操作者」是威科夫用來泛指圈內人和聯營體的名詞，他們藉由累積和分配股票、準備發動大型交易來獲利。**

　　此處，我們看見大型操作者迫使價格低於4月的交易區間，藉此我們會發現有多少供給可能被延長。位於點1的50美分向上擺盪，是自

圖 11.5　赫克拉礦業公司 0.05 × 3 點數圖

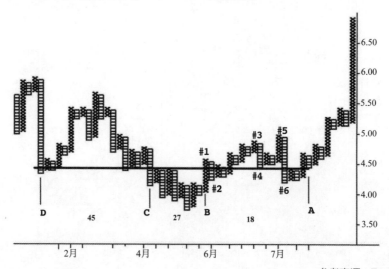

參考來源：TradeStation

從 2 月高點以來的最大漲幅，並且反映了需求。接下來的拉回，回溯幅度少於原本漲幅的 50%，而這是看漲的狀態。在點 3 的漲勢中，向上推力縮短，因為大家不出價了。點 4 和點 6 之間的價格行為，顯示複合操作者試圖壓制這支股票，以便貫徹他的做法。從點 6 的低點開始，這支股票走強，因為波動停止，而且價格穩定上漲。我不會懷疑這麼大的力道在市場內作用，但它們的活動並非我關注的重點。

　　圖 11.5 中，沿著 4.45 這條線的計算，細分成 3 個階段。計數 AB 涵蓋了 8 月初到 6 月底的價格變動。AC 向左延伸到 4 月 10 日的跌破，而 AD 包含了到 2012 年 1 月 11 日低點為止的所有價格走勢。這張圖表公布到 2012 年 9 月 25 日為止，秀出了交易區間之外的強勢起飛。赫克拉在這張圖表秀出的最後一次漲勢來到 6.94 的高峰，只比計數 AB 的目標值低了 20 美分。假如這支股票在下次拉回時維持在 4.45 以上，未來或許要進行更大的計算。

　　圖 11.6（2011 年 3 月的 5 年期票據）是我最愛的例子之一。這張合約的最小 tick 是 ¼ × ½，價值為 7.8125 美元。這張點數圖使用 ¼ × ½（0.0078125）的方框尺寸，然後反轉單位是方框的兩倍大（0.015625）──換句話說，就是 1：2 比例。這是從 3 分鐘收盤價建構出來的。

　　此處，每個縱列（或波形）的持續時間都標記在圖表上。你會看到清晨的低點（11715.5）被抵達最後低點的拋售穿透。第一波跌勢在 33 分鐘內涵蓋了 8 個 tick；第二波在 18 分鐘內橫跨了 6 個 tick；第三波在僅僅 9 分鐘內就等於 3 個 tick。你可以看到區間變窄和時間減少的

程度，正好等於波形圖上的情況。它反映出向下阻力沒有放鬆，以及向下變動的時間減少了；顯然賣壓已經沒力。

從這個低點開始，市場在接下來 33 分鐘回漲了 12 個 tick。到達這天高點的途中，大多數的下降波形都持續 3 到 9 分鐘，只有兩個波形分別持續了 15 和 18 分鐘。這兩個下降波形都等於最小的反轉單位（兩個 tick），而這又是另一個故事了。價格強勁地漲了 24 分鐘後來到頂點（11724.75），因為超過這張手繪圖表的上限，所以我將完整的擺盪幅度縮短了。這是這張合約從低點上漲以來，上升波形中時間最長的，它肯定有高潮交易量。

下一波跌勢的幅度相對較小，但 36 分鐘顯然是最大的下跌時間。想像一下，假如這些時間經過了，卻沒有能力回漲，我認為威科夫會說，**複合操作者正在試著支撐市場，以建立更多空頭**。顯然行為已經變成看跌，並導致日間時段最大的向下變動。請注意，它只持續了 6 分鐘，以回應看跌的國庫券拍賣。頂部結構中的最後一次向上擺盪（11722.75）持續了 9 分鐘，然後價格接下來暴跌了 36 分鐘。沿著這條線的 19 個方框，推算出價格會跌到 11713.25。價格實現了保守的目標值（11715.25），這是從這天的高點算起的。

附帶一提，5 年期票據對於低資本和／或經驗不足的交易人來說，是很棒的交易工具。由於低毛利率和大交易量，大型交易人可以輕易進行大筆交易，讓小擺盪賺更多。

顯然，我們可以用時間取代交易量。為了讓這個資訊在所有點數圖上更好懂，我有一位朋友製作了一個簡單的指標，將每個縱列的持續時

圖 11.6　2011 年 3 月 5 年期票據 .25/32 ×2 點數圖

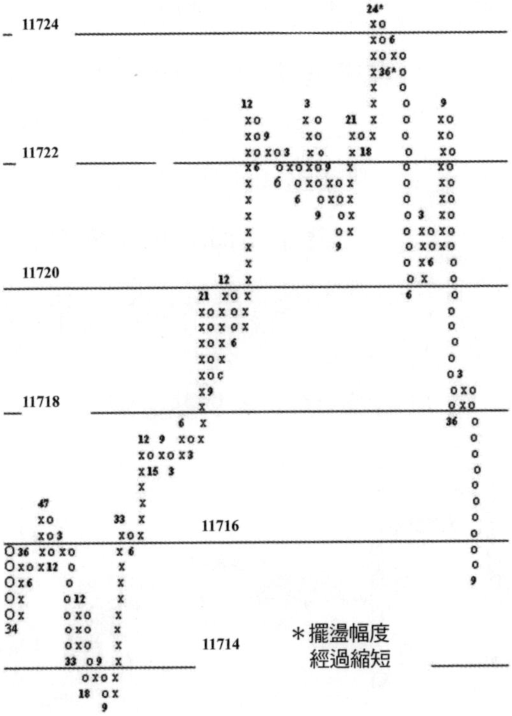

```
                                                   24*
                                                   X O
_  11724 _____ X O 6 _____
                                                   X O X O
                                                   X 36*O O
                                                   X   O
                12        3                         X   O         9
                X O       X O       21  X           O     X O
                X O 9     X O       X O X           O     X O
_  11722 _____X O X O 3 __ x o ___ x 18 _____ O _____ X O _____
                X 6  O X O X O 9   X               O     X O
                X    6  O X O X O X                O     X O
                X       6  O X O X                 O  3  X O
                X          9   O X                 O  3  X O
                X              O X                 O X O X O
                X              9                   O X O X O
_  11720 _____X _____O X 6   O _____
                12  X                               6          O
                21  X O X                                      O
                X O X O X                                      O
                X O X O X                                      O
                X O X 6                                        O
                X O X                                          O 3
                X O C                                          O X O
                X 9                                            O X O
_  11718 _____X _____ 36 _____ O X O _____
                6   X                               36   O
                12 9  X O X                              O
                X O X O X 3                              O
                X 15 3                                   O
                X                                        O
           47   X                                        O
           X O       33  X                               O
           X O 3     X O X           11716              O
_____ 36 X O X O ___ X 6 _____ O _____
O X O X 12  O       X                                    O
O X 6   O           X                                    O
O x     o 12        X                                    9
O x     o X O       X
34      o X O       X
        o X O       X
        o X O       X           11714        ＊擺盪幅度
        33 0 9  X                              經過縮短
_____ O X O X _____
        18 O X
        9
```

參考來源：TradeStation

間畫成直方圖，位於價格行為下方。圖 11.7 在 2012 年 12 月白銀點數圖上（0.01×3）秀出這個指標，這張圖是從一分鐘收盤價製作而來。供給第一次出現於點 1，但下個上升波形（點 2）測試了較早的高點。在這個時點，買家有機會占上風。點 3 缺乏向上跟進，而且下跌沒有阻力，表示賣家比較強勢。接著白銀在接下來 50 分鐘都原地踏步，直到點 4 出現買進，價格撐在這裡 25 分鐘，沒有幅度 3 美分的反轉。看漲的

論點會說買家正在吸收賣出，價格肯定會繼續上漲。

　　但白銀反而躊躇了 17 分鐘，然後漂移到點 5，上升時間只有 4 分鐘。因為市場在點 4 的行動後無力上漲，我們知道它遇到供給了。接下來 25 分鐘，點 6 的下降波形抵消了看漲的故事。賣家對市場的壓力在點 7 額外維持了 36 分鐘。跌破點 4 的低點之後，一陣賣量湧現，在極短的時間內讓價格下跌。將沿著 34.51 這條擁擠線的所有擁擠狀態，放在一起測量的話，可推算出價格會下跌至 33.85。在收盤之前，12 月的

圖 11.7　2012 年 12 月白銀 0.01 × 3 點數圖

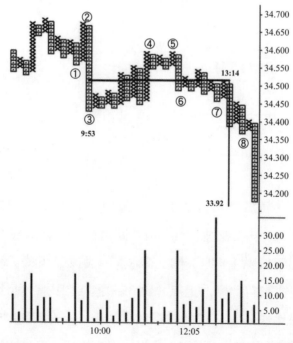

參考來源：TradeStation

白銀來到 33.92。

在點 3 和點 7 的低點之間，白銀交易了 3 小時又 21 分鐘。點 7 的行動尤其能夠反映情況，賣家維持壓力 36 分鐘。22 個波形在這段時期形成，這比對應的 201 條 1 分鐘價格條更好處理。過濾價格變動的能力，是使用點數圖的好處之一。

但我知道我們無法判定每個「x」或「o」的時間和交易量，除非這張圖表是手動維護的，如圖 9.3 所示。這張圖表沒有提供每個標記的分鐘數。磚形圖（Renko charts）就提供了這種能力，也成為完美的盤勢判讀媒介。

我猜威科夫應該沒看過磚形圖，但假如他看過，磚形圖的好處應該會吸走他大部分的注意力。假如你瀏覽過關於磚形圖的書籍和文章，你會一直看到同樣的資訊：日本人約 100 年前發明了磚形圖，是由磚形（煉瓦，れんが）構成，能夠非常清楚地秀出支撐和壓力水準，而且只處理價格，無關時間和交易量。幸運的是，電腦化的磚形圖提供每個磚形的交易量和持續時間。這樣一來，波形交易量就能標記在磚形圖上擺盪幅度的下方。它們幾近於重現了威科夫的原版盤勢判讀圖——只是他沒有秀出波形之間的時間。

磚形圖就像點數圖一樣，會過濾長條圖伴隨的大部分雜訊和模擬兩可之處。圖 11.8 描繪了磚形結構。假設我們正在看著一些上漲的磚塊，尺寸為 1 美元。這段進展中最後一個完成的上升磚塊停在 10，若要形成另一個上升磚塊，這支股票的成交價必須是 11 美元；若要反轉方向、完成一個下降磚塊，這支股票必須跌到比上個低點還低 1 美元，

圖 11.8　磚形結構示意圖

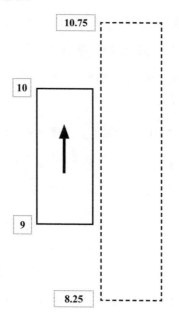

也就是 8 美元。

　　在新磚塊形成之前，價格可以在 2.50 美元的區間內變動，新的磚塊在完成之前可能會持續 50 分鐘。在這段期間，一張5分鐘長條圖可能會給出混雜的訊息，促使交易人過早處理掉交易，或完全錯過接下來的變動。基於這個理由，磚形圖提供我們內心的平靜，減少了決策數量。每顆磚塊的時間長度，源自磚塊尺寸和交易速度。迅速的價格變動會讓磚塊只持續幾秒鐘。但有時候可能會出現漫長的磚塊時間，因為價格透過支撐和壓力水準進行吸收。

　　想像一下，在 S&P 當中，1190 和 1191 之間的一個 1 點磚形。我們

假設它是向上進展中最近期的磚塊。下一個磚塊結構期間，價格可能在 1191.75 和 1189.25（2.50 點）之間波動，直到 1192 或 1189 出現為止。假如磚塊尺寸是 0.5 點，那麼每顆磚塊的時間自然就會比較短，而且會出現更多磚塊；而 3 點的磚塊顯然會持續更久的時間。

　　外匯或貨幣期貨的當沖交易人可能會使用 5-pip 的磚形（0.0005），而波段交易人可能會使用 20-pip 的磚形（0.002）。**磚形圖的顯著特色之一，就是它不受時段限制。只要價格填滿一顆磚塊，另一顆磚塊就會立刻開始。這也讓它更類似威科夫的盤勢判讀圖，價格變化跟固定的時段無關。**磚形圖上的波形也是如此。

　　圖 11.9 呈現了 2011 年 12 月的澳幣在 12 月 9 日的 5-pip 磚形圖。此處我們看到一個雙頂持續了 50 分鐘。這張圖表內，位於第二個高峰的 855 張合約的交易量為迄今最大，只持續了 7 分鐘。下一個上升磚塊，交易量在 21 分鐘內擴大到 1,270 張合約。它花了這麼多時間，卻沒有進一步獲利（努力與報酬相比）。當價格在下一個磚形向下反轉時，我們知道買家試圖哄抬價格，卻被賣家打敗。觀察這件事的另一種角度，是認為賣家以委賣價賣出。換言之，他們不是以委買價賣出，而是賣給付清款項以持有更多合約的買家。

　　這跟威科夫在他的盤勢判讀圖上觀察到的分配程度相同。買進的力道無法抬高價格，緊接著下個下降磚塊還有更大的賣量（1,979 張合約）。此處發生了 22 分鐘的拉扯。由於上個上升磚塊之後缺乏需求，賣家顯然較占優勢。如果又有一個下降磚塊展開，那麼價格下跌的機率就會很高，這樣就有理由做空了。買進停損點應該設在上一個上升磚塊

圖 11.9　2011 年 12 月澳幣磚形圖

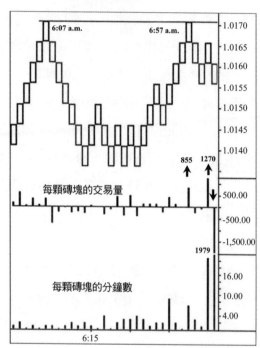

參考來源：TradeStation

的高點正上方。在約 90 分鐘內，這張合約就來到 1.0103。

　　現在來看看圖 11.10。我幾乎篤定這支股票是 2011 年 9 月初的
TVIX。磚塊尺寸看起來像 20 美分，從時段前的底部開始，所有低點都
撐在較高的水準。請注意磚塊 1、3、6 的巨大下降交易量和下降時間。
它們透露了什麼訊息？這跟我們在圖 11.6 中看到的訊息完全一樣，圖
11.6 中 5 年期票據兩次小拉回（幅度為兩個 tick），分別花了 15 和 18
分鐘。有人正在買進。在 TVIX 中，這 3 顆磚塊凸顯出累積。

　　威科夫寫過關於這種累積的文章，反而沒提到某些靜止、先入為主的模型。想像一下：這支股票在點3花了20分鐘，交易膨脹到20萬股，接著價格回漲了60美分！在點6，交易量在90分鐘內超過25萬，而這支股票再度拒絕下跌。位於點7的低交易量拉回，將這支股票置於跳板上。這張圖表還有另一個層面，從點3的低點開始，算到最左邊的向下擺盪，總共有9個波形；將9乘以0.20再加進低點（39.80），可得到目標值為41.60。因此，磚形圖就跟點數圖一樣，可以用來推算價格。

　　我第一次親手實驗磚形圖的時候，擺盪是垂直標記，這樣會比較

圖 11.10　TVIX 磚形圖

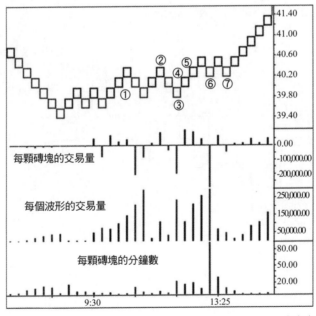

參考來源：TradeStation

像點數圖，這也讓擁擠線更顯眼。但不久之後，我有一位學生設計出一種磚形圖格式，將交易量和時間標記在磚塊內。

圖 11.11 是 2012 年 12 月 S&P 在 2012 年 9 月 25 日的情況，由 0.75 點的磚塊尺寸構成。磚塊內的上方數字是交易量，下方數字是時間。波形交易量和持續時間則寫在波形的轉折點。結果這是一張很強大的盤勢判讀圖（相較於圖 9.1 和圖 9.3），再加上每個標記的時間，超越了威科夫建構的所有事物。頂部的磚塊花了 15 分鐘形成，而交易量增加到 35,000。

這股巨大的力道未能產生更多獲利，因此令人懷疑供給已經勝過

圖 11.11　2012 年 12 月 S&P 磚形圖

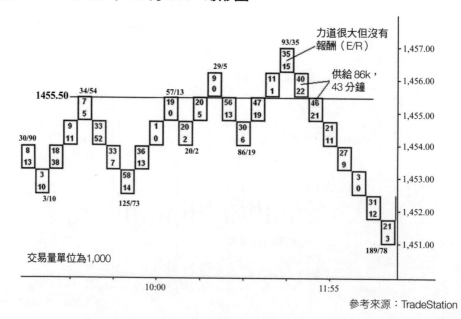

參考來源：TradeStation

需求。接下來兩個磚塊持續了 43 分鐘，而交易量總共是 86,000，顯然
S&P 在上一個上升波形遇到了供給。從這個頂部開始的第一個大型下降
波形，在接下來 78 分鐘出現 189,000 張合約，這也是更大跌破的開端。

　　我納入了一張 0.25×3 的點數圖（圖 11.12），它秀出了 2012 年 9
月 25 日的整個頂部。沿著 1455.25 這條線的計數，推算出價格會跌到
1436.50，比收盤低點還高 1.5 點。這張圖表展現出點數圖（由小幅度的
當日價格變動建構而成）的準確性。

　　這種圖表的唯一缺點就是它處理的資料是過夜的，因為晚上的價
格變動比較慢，所以每個縱列的分鐘數可能會異常巨大，而且很容易使

圖 11.12　2012 年 12 月 S&P 點數圖

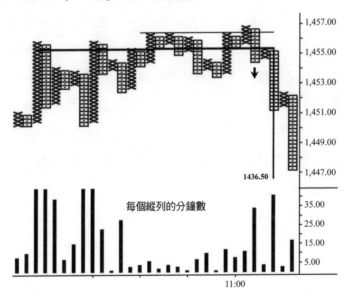

參考來源：TradeStation

日間時段的資料矮化。因此我調整了比例尺，基本上就是刪掉較大的讀數，完善了一個既優雅又簡潔的指標。此處，上推之後的向下反轉持續了 35 分鐘，這是自從日間時段開盤以來最長的下降時間（交易量）。下一次向上變動持續了 4 分鐘。當 S&P 跌到前一個下降波形的低點下方（1454.50），訊息就很清楚了：**放空吧**。

在《盤勢判讀研究》中，威科夫寫道：「**盤勢判讀者必須得說出：事實是這些，事實顯示的跡象是這些，因此我會這樣做。**」[1]我稱之為「認清現況的那一刻」，也就是你感覺到有變動即將發生，這種意識會使你趕快採取行動。

S&P 0.75 點波形圖（圖 11.13）在 2012 年 9 月 25 日的讀數，其見解跟磚形圖和點數圖的訊息是一致的。請觀察最後一個上升波形（59,000）之中的向上推力縮短和巨大力道。波形交易量是這張圖表截至此時為止最大的，而價格只比前一個高點高 0.5 點。但透露最重要訊息的是巨大波形交易量——買進力道遇到更大的供給力道。前一個低點（1455）下方的拋售，表示大局已定，必須立刻採取行動。在這個例子中，行為變成看跌（也就是上推和巨大力道沒有報酬）之後並沒有低交易量拉回。市場價格跌了 3 點，交易量為 187,000，後來微幅修正到 1452.50。

為求慎重，圖 11.14 秀出了同一天的 2012 年 12 月 S&P 5 分鐘長條

註1：Rollo Tape（筆名），《盤勢判讀研究》（伯靈頓，佛蒙特州：Fraser，1910 年），第 16 頁。

圖 11.13　2012 年 12 月 S&P 波形圖

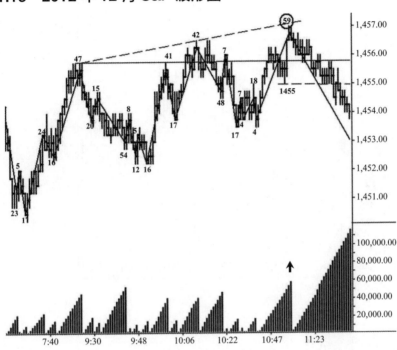

參考來源：TradeStation

圖。我從年輕時就一直在看每小時和 5 分鐘長條圖，所以能讀出這裡的
看跌故事。上推／推力縮短很清楚地凸顯出來。在最後一個來到高點的
價格條，收盤位置表示市場遇到了賣出。但交易量沒有增加，所以我們
不曉得賣家是否已經占上風。正如我之前所說：「買進的真實力道會隨
著時間消失。」並不是每個情況都這樣，而且有時候 5 分鐘圖表所提供
的事件概況會更清楚，但這種情況太罕見了。

　　威科夫持續更新一張由市場龍頭的當日價格擺盪計算出來的波形

圖 11.14　2012 年 12 月 S&P 5 分鐘長條圖

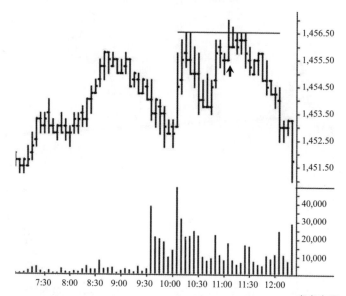

參考來源：TradeStation

圖，它最初的建構方式更精確，但在現代，它是從 1 分鐘或 5 分鐘時段的收盤價計算出來的。威科夫示範了市場龍頭的波形圖可以沿著盤勢判讀圖畫出來，這樣一來就能比較兩張圖的波形。

S&P 期貨的波形圖是我用來判斷整個市場的指標。我認識的交易人當中，有些會監測 SPY 這支股票的波形，尋找關於市場方向的線索。2012 年 9 月 25 日，一定有數百支股票的波形圖或磚形圖，跟 S&P 一樣閃現了看跌的訊息。我隨機挑選一張當天的聯合太平洋鐵路 10 美分磚形圖（圖 11.15），而看跌的證據一眼就能看出來，希望你也能看見。

我在這張圖表的轉折點，標記了波形交易量（單位為 1,000）和分

圖 11.15　聯合太平洋鐵路磚形圖

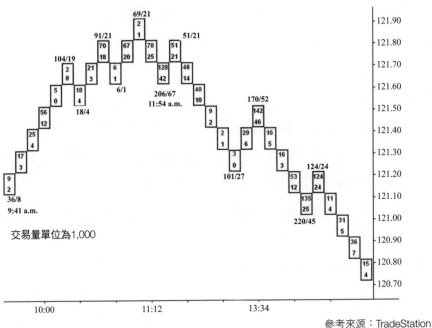

參考來源：TradeStation

鐘數。假如我們必須挑一顆磚塊來預測走勢，我們應該會挑選美東夏令時間上午 11 點 54 分、交易量 128,000 的下降磚塊。這顆 10 美分磚塊中的交易量，超過了 60 美分上升波形的交易量——這裡總共交易了104,000 股。來到上午 11 點 54 分低點的跌勢的總波形交易量，超過了前兩個上升波形加起來的交易量。所以我們知道圖表上這個時點將會發生什麼事。

來到上午 11 點 54 分低點的向下變動，發生於 S&P 波形圖跌到1455 下方之後 8 分鐘。但聯合太平洋鐵路又撐了 21 分鐘，才跟著 S&P

一起下跌。這段延遲時間對於交易聯合太平洋鐵路的人來說很有利。

較大的磚塊尺寸，非常適合用於居間擺盪時的交易。只要股票交易在每股 20 美元以上，我就會使用 30 美分的磚塊。圖 11.16 秀出了 4 點磚塊，是從 S&P 的走勢資料計算出來的。這張圖表過濾了許多當日雜訊，使人更容易掌握每張合約 20 點以上的交易。

第一個上升波形橫跨了 3 個時段的大部分，交易量為 474 萬張合約。這個交易量有 4 分之 1 出現於這個波形的第二顆磚塊（1），還有 4 分之 1 出現於最後一顆磚塊（2）。前者是首要的動力，後者則示意了停止行動。這次高潮行動之後，只要一顆下降磚塊形成，就應該立刻

圖 11.16　S&P 走勢磚形圖

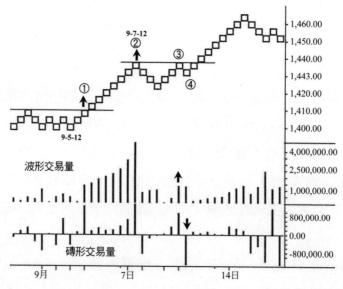

參考來源：TradeStation

獲利了結。這兩顆磚塊之間占了 28 點。隨後跌勢的波形交易量，比上升波形的第二顆磚塊還少。在（3）處，S&P 試圖吸收上頭的壓力。下個下降波形（4）只有一顆磚塊，而且交易量很大。只要一顆磚塊在水平線上方形成，我們就立刻知道，高交易量表示吸收已經完成，而買家取得控制權，這是重建多頭部位的理想時點。S&P 接著又漲了 24 點，才有供給進場。

我稍早提過，我最初實驗磚形圖的時候，製作了一張磚塊垂直展開的圖表。垂直格式讓更多價格資料出現在圖表上，跟傳統的斜向變動截然不同。此外，磚形圖上的擁擠線，可以用來推算價格會跑多遠。

圖 11.17 是一張 2012 年 3 月 S&P 在 2011 年 12 月 16 日的手繪圖表。磚塊尺寸為 1 點。第一張成品潦草地畫在一張筆記本白紙上。交易量的單位是 1,000 張合約，寫在每個價格旁邊。起初我沒有秀出每顆磚塊的分鐘數，但之後就加上去了。

從高點開始的向下變動中，請注意兩個磚形的交易量分別上升到 182,000 和 102,000。此處，63 分鐘的時段內的總交易量是 286,000，賣家顯然占上風。在價格上漲到這天的高點之前，請注意低交易量拉回（9,000）反映出缺乏賣壓，並提供了絕佳的買進機會。沿著 1218.75 這條線的點數圖擁擠區域（交易量為 9,000），推算出價格會漲到 1223.75，比高點低一點。請看頂部的價格，磚形交易量飆升到 79,000，這是圖表上最大的讀數。我想你應該能看出這種圖表的實用性。目前，這還只是半成品。

我第一次聽到威科夫方法的時候，大家都是悄悄討論，沒人想把

守得最緊的交易祕訣洩漏給太多人。即使到現在，我還是有一位朋友不
希望我洩漏所有資訊。原因很簡單：既然有用，為什麼要公諸於世？但
正如我在引言中所說的，我沒有祕密，而且我很確定威科夫也沒有。

圖 11.17　2011 年 3 月 S&P 圖表（掃描）

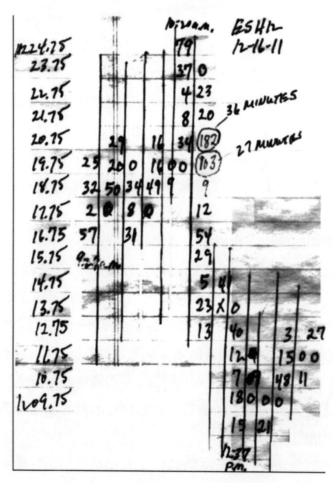

　　他公開宣稱，他的目的是要幫助交易人發展出直覺的判斷力，再用這種判斷力判讀市場本身透露的訊息，而不是「亂槍打鳥」。在《盤勢判讀研究》中，他寫道：「**要賺錢的話，就要用盤勢判讀（圖表判讀）來預測即將發生的事情——而不是等到事情發生了才趕流行。**」[2]我很確定他會贊同本書背後的訊息。

註2：同上，第18頁。

關於作者

　　大衛・維斯是擁有41年經驗的市場分析師。維斯在1980年代中期擔任 ContiCommodities 公司的技術研究總監。雖然他大部分的工作都跟期貨市場有關，但他也有在固定收益部門中工作過幾年，提出時機方面的建議來協助現金債券交易人。

　　維斯在北美、歐洲和遠東地區都舉辦過技術交易研討會。他是理查・威科夫交易方法的著名權威。他是《艾略特波形商品信》（*Elliott Wave Commodity Letter*，發行人為羅伯特・普雷切特〔Robert Prechter〕）的前編輯，以及《技術力量》（*Technical Forces*）的前編輯／發行人——這是每月一封的市場信，主題是價格／交易量分析。此外，他寫過許多技術分析的文章，並著有《利用艾略特波形原則來交易：實務指南》（*Trading with the Elliott Wave Principle: A Practical Guide*）。他也是《畫出股市圖表，威科夫方法》（*Charting the Stock Market, The Wyckoff Method*）的共同作者之一。維斯目前擔任機構客戶、股市交易人和期貨交易人的顧問。他自己也是活躍交易人，而且已經發展出一套獨特的交易工具，叫做維斯波。

國家圖書館出版品預行編目（CIP）資料

成功預測交易的專業盤勢判讀：理解市場本質、知曉主力的操盤手法，技術分析大師威科夫交易法淺析，理解供需、因果與量價關係。／大衛·H·維斯（David H. Weis）著；廖桓偉譯. -- 初版. -- 新北市：方舟文化，遠足文化事業股份有限公司，2024.11
288 面；17×23 公分. -（致富方舟；17）
譯自：Trades About to Happen: A Modern Adaptation of the Wyckoff Method
ISBN 978-626-7442-95-1（平裝）

1. CST：股票投資　2. CST：投資技術　3. CST：投資分析

563.53　　　　　　　　　　　　　　　　　　　　　113013568

致富方舟　0017

成功預測交易的專業盤勢判讀

理解市場本質、知曉主力的操盤手法，技術分析大師威科夫交易法淺析，
理解供需、因果與量價關係。

Trades About to Happen: A Modern Adaptation of the Wyckoff Method

作　　　者　大衛·H·維斯（David H. Weis）
譯　　　者　廖桓偉
封面設計　高郁雯
內頁設計　王信中
校對編輯　張祐唐
副 主 編　李芊芊
特約行銷　林舜婷
行銷經理　許文薰
總 編 輯　林淑雯

出 版 者　方舟文化／遠足文化事業股份有限公司
發　　　行　遠足文化事業股份有限公司
　　　　　　231 新北市新店區民權路 108-2 號 9 樓
　　　　　　電話：（02）2218-1417　　傳真：（02）8667-1851
　　　　　　劃撥帳號：19504465　　戶名：遠足文化事業股份有限公司
　　　　　　客服專線：0800-221-029　　E-MAIL：service@bookrep.com.tw
網　　　站　www.bookrep.com.tw
印　　　製　呈靖彩藝有限公司
法律顧問　華洋法律事務所　蘇文生律師
定　　　價　450 元
初版一刷　2024 年 11 月
初版二刷　2025 年 3 月